茲山魚譜

丁銓 著

옮긴이 권경순

고려대학교 한문학과를 졸업하고 동 대학원 국어국문학과에서 석사 및 박사학위를 받았다. 현재는 한국고전번역원 대외협력팀장으로 재직 중이다. 「〈옥수기玉樹記〉와 〈옥루몽玉樓夢〉」의 재자가인소설才子佳人小說적 면모」, 「북한의 한문고전 번역 현황」, 「〈옥수기〉의 남녀결연담 연구」 등의 논문이 있다.

옮긴이 김광년

고려대학교 국어국문학과를 졸업하고 동 대학원에서 석사 및 박사학위를 받았다. 현재는 고려대학교 한자한문연구소 연구교수, 한국과학기술원 겸직교수로 재직 중이다. 「상촌象村 신흠申欽 산문 연구」, 「조선 후기 과시科試 연구와 〈승정원일기〉의 활용」, 「신익성申翊聖의 금강산 유기遊記를 통해 본 조선 후기 유기의 문체적 다변화」 등의 논문이 있다.

자산어보 玆山魚譜
오리지널 초판본 표지디자인

초판 1쇄 펴낸 날 2021년 3월 31일
초판 2쇄 펴낸 날 2021년 6월 30일

지은이	정약전
옮긴이	권경순, 김광년
펴낸이	장영재
펴낸곳	(주)미르북컴퍼니
자회사	더스토리
전화	02)3141-4421
팩스	02)3141-4428
등록	2012년 3월 16일(제313-2012-81호)
주소	서울시 마포구 성미산로32길 12, 2층 (우 03983)
E-mail	sanhonjinju@naver.com
카페	cafe.naver.com/mirbookcompany

* (주)미르북컴퍼니는 독자 여러분의 의견에 항상 귀 기울이고 있습니다.
* 파본은 책을 구입하신 서점에서 교환해 드립니다.
* 책값은 뒤표지에 있습니다.

자산어보 玆山魚譜

정약전 지음 | 권경순, 김광년 옮김

더스토리

머리말

《자산어보》의 저자인 손암巽庵 정약전丁若銓(1758~1816)은 1801년(순조1)의 신유박해辛酉迫害에 연루되어 동생인 다산茶山 정약용丁若鏞과 함께 자신은 흑산도黑山島로, 다산은 강진康津으로 각각 유배되었다. 그는 유배에서 풀려나지 못한 채 16년 만에 흑산도에서 삶을 마감했으니, 두 형제는 1801년을 마지막으로 죽을 때까지 서로 만나지 못했다. 이런 둘을 이어주었던 유일한 소통 수단은 편지였다. 두 형제는 수시로 편지를 주고받으며 서로의 안부, 학문적 관심사 등을 공유했다. 손암은 《자산어보》의 편찬 계획 역시 동생에게 전하며 의견을 구했는데 이에 대해 다산은 다음과 같이 답했다.

책을 저술하는 일은 절대 소홀히 할 수 없으니 반드시 매우 유의하심이 어떻겠습니까.《해족도설海族圖說》은 매우 기이한 책이니 이 또한 작게 여길 것이 아닙니다. 형상을 그리는 일은 어떻게 하시는지요? 문자가 단청丹靑보다 나을 따름입니다. (정약용, 〈작은 형님께 올림上仲氏〉)

著書一事, 萬不可忽, 必十分留意如何? 海族圖說, 甚是奇書, 此又不可少者. 圖形何以爲耶? 文字勝丹靑耳.

여기서 다산이 말한 '해족도설'이란 바로 오늘날 전해지는 《자산어보》를 가리킨다. 유학자儒學者인 손암이 해족, 즉 어패류에 관심을 보이는 것은 사실 여사餘事로 치부되고 말 일이었지만, 다산은 그 중요성을 인식하고서 형을 독려하는 한편으로 자신의 의견을 제시하여 도움을 주고자 했다. '도설'이라는 구상 단계의 제목에서 알 수 있듯 손암은 당초 그림과 해설이 결합된 도감圖鑑을 편찬하려 했던 것으로 보이지만 글로 자세히 설명하는 것이 그림보다 낫다는 동생의 의견을 받아들여 오늘날 전해지는 《자산어보》를 편찬했다.

손암은 《자산어보》를 편찬하기 위해 흑산도에서 알게 된 장덕순張德順이라는 인물의 도움을 받게 되었다. 그의 자字는 창대昌大이고, 흑산도 출신의 사인士人이었다. 그의 신분이 양반이었음은 손암이 그를 위해 써준 시에서 그를 '사림士林에서도 빼어나다'라고 표현한 데서 확인된다. 손암은 흑산도 생활을 하면서 학문 연구보다는 흑산도 현지 주민들과 술을 마시며 어울리는 데 더 많은 시간을 보냈는데[1] 장덕순은 그 과정에서 만나게 된 사람들 중 한 명이었다. 그는 학문에 뜻을 두었음에도 섬이라는 거주지의 한계로 인해 충분히 학문을 넓힐 기회를 갖지 못했다. 손암은 《자산어보》 서문에서 그에 대해 직접 본 자연물에 대해서 잘 알고 있었다 했는데 이것이 개인적 취미의 발로인지 아니면 어업에 종사하면서 자연스럽게 터득하게 된 지식인지는 확인할 수 없다.[2]

손암은 장덕순과 함께 여러 날을 머무르며 《자산어보》 원고를 매만졌다. 원고를 쓰는 데 도움을 준 만큼, 당대의 학자였던 손암이 장덕순의 공부 역시 도와주었을 것임은 쉽게 상상할 수 있다. 이렇게 두 사람은 서로의 지적 욕구를 충족시켜주면서 우정과 학문을 나누었다. 손암은 장덕순에게 받은 도움을 특별히 《자산어보》 서문에 기록하여 그의 이름이 역사에 남도록 했다. 손암이 아니었으면 장덕순은 우리의 기억에서 잊힌 인물이 되었을 것이고, 장덕순이 아니었으면 《자산어보》라는 책은 나올 수 없었을 것이다. 《자산어보》는 이 두 사람의 인연의 산물이라고 해도 지나치지 않으리라.

---

[1] 허경진, 〈새로 발견된 손암 정약전의 시문집에 대하여〉, 《남명학연구》 36집, 경상대 경남문화연구소, 2012, 272~274면.

[2] 생계를 위해 소반小盤 만드는 일을 업으로 삼았던 심대윤沈大允(1806~1872)의 경우처럼, 조선 후기에는 양반 지식인층이라고 하더라도 노동을 하며 생계를 유지하는 경우가 적지 않았다.

그리고 이 인연에 동참한 인물이 또 한 사람 있다. 바로 다산의 제자로《자산어보》에 본문에 필적하는 방대한 분량[3]의 주석을 붙인 이청李晴(1792~1861)이다. 그는 여러 문헌을 폭넓게 조사하여 손암의 글에 근거를 제시하고 설명을 붙였다. 《자산어보》의 내용을 올바르게 이해하는 데 이청의 역할은 상당히 크다고 평가할 수 있다.[4]

요컨대 이 책은 두 개의 큰 인연, 즉 정약전-정약용 형제간의 우애와 정약전-장덕순(창대) 두 사람간의 우정에, 제자 이청의 노력이 더해진 결과물이라고 할 수 있을 것이다. 기존에 이 책은 손암의 학문적 관심의 결과물로, 또 조선 후기 해양 생물들을 체계적으로 잘 정리해놓은 백과사전으로 이미 많은 사람들에게 알려져 있었으나, 이 책에 담긴 여러 사람들의 인연은 별로 주목되지 못했다. 마침 근래에 손암과 장덕순의 인연에 주목한 영화〈자산어보〉가 제작되어 이 책에 대한 관심도 함께 높아지고 있다. 독자들이 이 책을 통해 조선 후기

---

[3] 정명현에 따르면 이청이 붙인 주석의 양은 현전《자산어보》내용에서 42%를 차지한다고 한다. 정명현,〈해설〉,《자산어보》, 서해문집, 263면.
[4] 이청의 설명 부분의 비중이 이렇게 크기 때문에《자산어보》를 정약전과 이청의 공동 저술로 보아야 한다는 주장이 있는데, 역자는 그렇게 생각하지 않는다. 왜냐하면 정약전의 서문에 이에 대한 언급이 없고, 이청은 자신이 추가한 부분에 반드시 '청안晴案'이라 하여 자신이 덧붙인 부분임을 명기하거나 '원편原編에 빠졌던 것을 보충하였다'라고 설명을 달았는데, 이청이 공저자라면 굳이 번거롭게 이런 말을 붙일 이유가 없기 때문이다.

지식인이 해양 생물을 어떻게 이해하고 있었는지 확인해보는 한편으로, 이 책에 얽혀 있는 손암과 다산, 장덕순, 이청 등 여러 사람들의 인연에 대해서도 한번쯤 생각하고 공감할 수 있는 기회가 되기를 바란다.

이 책은 정문기, 정명현 두 분의 번역을 비롯한 기존의 연구 성과에 많은 빚을 지고 있다. 특히 정명현 선생의 번역본에 실린 교감 원문은 한문 원문을 올바르게 이해하는 데 큰 도움이 되었다. 우리 두 사람은 기존의 번역 및 연구 성과를 최대한 활용하여 번역 작업을 진행하면서, 일반 독자들이 좀 더 쉽게 《자산어보》를 이해할 수 있도록 번역문을 다듬는 데 많은 시간을 할애했다. 또한 좀 더 상세한 주석을 통해 일반 독자뿐만 아니라 전문 연구자들에게도 참고 자료를 제공하고자 했다.

2021년 3월
권경순, 김광년

| 차례 |

머리말 5
《자산어보》서 14
《자산어보》원문 230

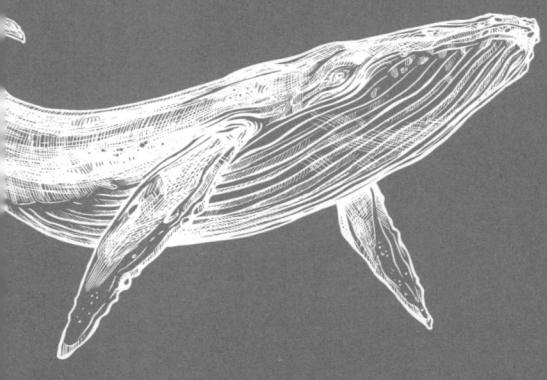
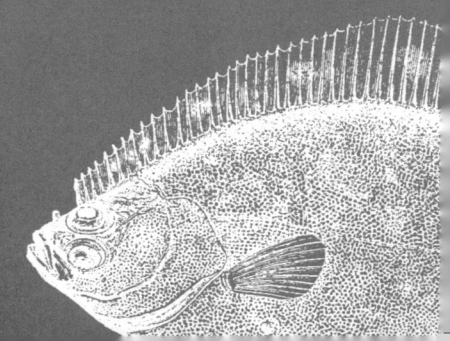

권1 │ 비늘이 있는 종류〔鱗類〕

석수어石首魚(민어과) 18 │ 치어鯔魚(숭엇과) 27

노어鱸魚(농엇과) 30 │ 강항어强項魚(도밋과) 32

시어鰣魚(준칫과) 35 │ 벽문어碧紋魚(고등엇과) 38

청어靑魚(청어과) 41 │ 사어鯊魚(상엇과) 44

검어黔魚(양볼락과) 62 │ 접어鰈魚(넙칫과) 65

소구어小口魚(망상어) 72 │ 망어蟒魚(삼치) 75

청익어靑翼魚(전갱잇과) 77 │ 비어飛魚(청어과) 78

이어耳魚(쥐노래밋과) 83 │ 전어箭魚(전어) 84

편어扁魚(병엇과) 85 │ 추어鰍魚(멸칫과) 88

대두어大頭魚(대구과) 91

권2 | 비늘이 없는 종류〔無鱗類〕
껍데기가 있는 종류〔介類〕

• 비늘이 없는 종류〔無鱗類〕

분어鱝魚(가오릿과) 94 │ 해만리海鰻鱺(뱀장어과) 101

해점어海鮎魚(메깃과) 105 │ 돈어魨魚(복어과) 107

오적어烏賊魚(오징엇과) 112 │ 해돈어海豚魚(상괭이) 121

인어人魚 124 │ 사방어四方魚(육각복) 131 │ 우어牛魚(새치) 132

회잔어鱠殘魚(뱅엇과) 134 │ 침어鱵魚(학꽁칫과) 136

천족섬千足蟾(삼천발이) 139 │ 해타海鮀(해파리) 140

경어鯨魚(고래) 143 │ 해하海鰕(보리새웃과) 145

해삼海蔘(해삼) 147 │ 굴명충屈明蟲(군소) 149 │ 음충淫蟲 150

• 껍데기가 있는 종류〔介類〕

해귀海龜(바다거북) 151 │ 해해海蟹(게) 152 │ 복鰒(전복) 164

합蛤(조개) 169 │ 감蚶(새고막) 174 │ 정蟶(맛조개) 176

담채淡菜(홍합) 177 │ 호蠔(굴) 180 │ 라螺(소라) 186

율구합栗毬蛤(성게) 197 │ 귀배충龜背蟲(군부) 199

풍엽어楓葉魚(불가사리) 200

권3 | 기타 바다 생물〔雜類〕

해충海蟲(벌레 : 지렁이 등) 204

해금海禽(바닷새 : 가마우지, 갈매기 등) 206

해수海獸(바다짐승 : 물범 등) 210

해초海草(바다풀 : 미역, 톳, 파래 등) 212

《자산어보玆山魚譜》 서

자산玆山[1]이란 흑산黑山[2]이다. 나는 흑산으로 유배되었는데[3] '흑산'이라는 이름이 컴컴하여 두려우니 가족들이 편지에서 번번이 '자산'이라 하였다. '자玆' 역시 검다는 말이다.[4] 자

---

1 '자산'을 '현산'으로 읽어야 한다는 주장이 일부 있으나, 김언종의 《'자산어보' 명칭고》와 《한문교육연구》 21집(한국한문교육학회, 2003)에 근거하여 '자산'으로 확정했다.
2 흑산도를 가리킨다. 전라남도 신안군 흑산면에 있는 섬으로, 멀리서 보면 산이 푸르다 못해 검게 보인다 하여 붙여진 이름으로 전한다.
3 정약전은 1801년(순조 1) 신유박해에 동생 정약용(1762~1836)과 함께 연루되어, 정약용은 장기현長鬐縣을 거쳐 강진현康津縣에, 자신은 신지도薪智島를 거쳐 흑산도黑山島에 유배되었다. 그는 16년 동안 유배생활을 하다 그곳에서 삶을 마감했다.
4 '흑산'의 '흑'의 한자가 '검을 흑' 자여서 캄캄한 앞날을 연상시키기 때문에 이를 기피했다는 의미로 이해된다. 이와 관련하여, 정약용의 《여유당전서與猶堂全書》 제2집 권48에 수록된 정약전의 《자산역간玆山易柬》 서문에서 정약용은 다음과 같이 설명했다. "신유년(1801) 가을, 나는 강진으로 유배되었고 둘째 형님은 흑산도로 유배되셨다. '흑산'이라는 명칭은 컴컴하여 두려우니 차마 대놓고 말하지 못하여, 편지에서는 '자산'이라고 고쳤다. '자'는 또한 검다는 뜻이다."

산의 바다 안에는 어족魚族이 매우 번성하여 이름을 아는 자가 드무니 사물에 정통한 자가 마땅히 살펴야 할 바이다. 나는 이에 널리 섬사람들을 찾아다니며 계보系譜를 만들 생각을 하였는데, 사람마다 각자 말이 달라 그대로 따를 수 없었다.

  섬에 장창대張昌大 덕순德順[5]이라는 사람이 있어 문을 닫아걸고 손님을 사양한 채 독실히 옛 서적을 좋아하였다. 다만 집이 가난하고 책이 적어 손에서 책을 놓지 않았음에도 공부한 것이 폭넓지 못하였다. 하지만 성품이 조용하고 정밀하여 무릇 직접 듣거나 본 풀과 나무, 새와 물고기는 모두 자세히 살피고 깊이 생각하여 그 생리를 알았으므로, 그의 말은 믿을 만하였다. 나는 마침내 그를 불러들여 머무르게 하면서 그와 함께 연구하고 차례를 매겨 책을 완성하고는 '자산어보'라고 이름을 붙였으니, 이외에도 바다의 날짐승과 해초류까지 언급하여 후대 사람들이 상고詳考[6]하고 증험證驗[7]할 자료로 삼았다.

---

[5] '창대'는 자字이고 '덕순'은 이름으로 보인다. 근래에 발간된 《손암 정약전 시문집》(허경진 역, 민속원, 2015)에 정약전이 장덕순에게 보낸 한시가 2수 실려 있어 그와의 교류를 짐작할 수 있게 해준다. 그중 한 편에서 정약전은 장창대에 대해 "사람들이 말하기를, 장창대는 우뚝하여 사림士林에서도 빼어나다 하네. 옛 서적 항상 손에 쥐고서 오묘한 도에서 마음을 떠나지 않았구나."라고 높게 평가했다. 이를 통해 볼 때 장덕순은 한미한 양반 출신으로 추정된다.
[6] 꼼꼼하게 따져서 검토하거나 참고함.
[7] 실지로 사실을 경험함. 또는 증거로 삼을 만한 경험.

다만 나는 고루固陋[8]하여 혹 이미 본초서本草書[9]에서 보았는데도 그 이름을 듣지 못하였거나, 혹 옛날에 이름이 없는데 고증할 수 없는 것이 태반이었다. 그래서 단지 민간에서 부르는 이름에 의지할 수밖에 없었고, 상스러워 읽을 수 없는 것은 그때마다 감히 이름을 새로 지었다. 이로 인해 후세의 군자들이 이를 보완한다면 이 책이 병을 치료하고 이롭게 활용하며 재화를 다스림에 여러 사람들에게 참으로 응당 밑천이 될 것이며, 또한 이로써 시인詩人들[10]이 알지 못했던 것을 널리 참조하는 데 보탬이 되게끔 하고자 할 뿐이다.

가경嘉慶 갑술년(1814, 순조 14) 열수洌水[11] 정전丁銓[12] 이 씀.

---

[8] 낡은 관념이나 습관에 젖어 고집이 세고 새로운 것을 잘 받아들이지 않음. 여기에서는 자기 자신에 대한 겸사謙辭로 쓰였다.

[9] 본초학本草學(약용 물질을 연구하는 학문)에 대한 서적. 대표적으로 《본초강목本草綱目》, 《향약집성방鄕藥集成方》 등을 들 수 있다.

[10] 유가儒家 오경五經 중 하나인 《시경詩經》의 작가를 가리킨다. 동아시아에서는 공자孔子가 《시경》에 대해 "새와 짐승, 풀과 나무의 이름을 많이 알 수 있다."(《논어論語》 〈양화陽貨〉 편)라고 평가한 이래로 《시경》에 수록된 작품들을 통해 다양한 사물의 명칭을 알 수 있다는 효용이 인정되어왔다. '시인들이 알지 못했던 것'이란 《시경》에 등장하지 않는 사물을 가리키는데, 《시경》에는 나오지 않는 다양한 사물들(주로 어패류들)의 명칭을 이 책을 통해 확인할 수 있음을 가리킨다. 참고로 동아시아 한문문화권에서 사물을 소재로 한 영물시詠物詩가 한시의 한 갈래로 정착된 것 역시 이러한 전통과 밀접한 관련이 있다.

[11] 경기도 남양주시 조안면 능내리 마재 마을 앞의 물 이름으로, 북한강과 남한강이 합쳐지는 두물머리를 가리킨다. 이곳은 정약전의 출생지다.

[12] 정약전이 자신의 이름을 줄여 쓴 것.

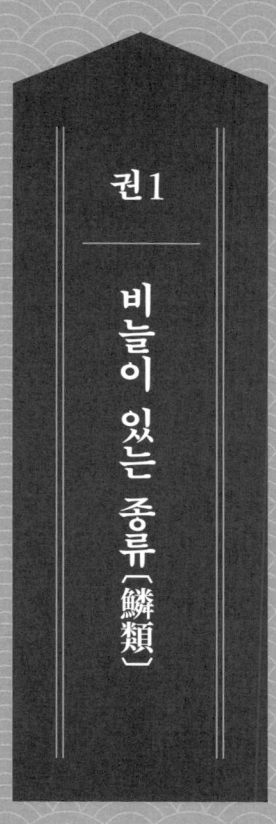

권1

비늘이 있는 종류〔鱗類〕

석수어 石首魚
: 크고 작은 것 몇 종류가 있다.

대면大鮸

【민간에서 부르는 이름은 '애우질艾羽叱'이다.】

큰 것은 길이가 한 길 남짓이고, 허리가 굵어 몇 아름이나 된다. 모습은 면鮸과 비슷하고 색은 황흑黃黑색이다. 맛은 면과 비슷하지만 더욱 진하다.

3~4월 사이에 수면에 떠오르면【무릇 봄과 여름 사이에 물고기가 물에 떠올라 잠수하지 못하는 경우가 많은데 모두 부레 안의 공기가 넘친 것이다.】어부들이 맨손으로 잡는다. 6~7월 사이에 사鯊(상어)를 잡는 자가 낚시를 물밑에 설치하여 '사'가 그것을 물고 거꾸로 매달리면,【'사'는 매우 강하기 때문에 낚시를 물면 꼬리를 흔들어 낚싯줄이 몸에 얽히는데 힘을 쓰면 낚싯줄이 혹 끊어지기도 하므로 형세상 반드시 거꾸로 매달린다】대면이 또 그 '사'를 물어 '사'의 지느러미뼈(기골鰭骨)가 거꾸로 그 장을 찔러 이것이 낚시의 미늘 역할을 하게 되니, 대면이 가시를 빼지 못하여 따라 올라오게 된다. 어부는 힘으로 제어하지 못하므로 혹 밧줄로 올가미를 만들어 걸어 올리기도 하고 혹 손을 그 입에 집어넣어 아가미를 쥐고 올리기도 한다.

【아가미(합시䫡䫡)라는 것은 물고기의 목구멍 주변에 있는 단단한 털인데, 곁으로 각기 몇 겹으로 되어 그 모습이 마치 빽빽한 참빗 같다. 민간에서는 '구섬句纖'[1]이라고도 하며 무릇 물고기의 코는 단지 냄새를 맡는 용도이고 물이 드나드는 것은 아가미가 담당한다.

○석수어는 작은 것은 이빨이 단단하고 중간 것은 이빨이 있지만 단단하지 않다. 대면은 이빨이 겨우 '사'의 가죽 갈기 때문에 손을 넣어도 찔리지 않는다.】

간에는 무서운 독이 있어서 먹으면 어지럽고 눈앞이 캄캄해지지만, 버짐이나 옴[2]을 뽑아내어 부스럼의 뿌리를 없앨 수 있다.【무릇 큰 물고기의 쓸개는 모두 부스럼의 독기를 없어지게 한다.】쓸개는 가슴과 복부의 통증을 다스린다고 한다.

○ 이청의 설명

석수어는 크고 작은 여러 종이 있는데, 모두 머릿속에 돌 두 개씩이 있고 배 안에는 흰 부레가 있어 부레풀[3]을 만들 수

---

1 전라도, 황해도, 제주도 등 서해안 및 남해안 등지의 방언을 음차한 것으로 생각된다. 즉 전북에서는 아가미를 '구시렁탱이', 제주에서는 '그셍이', 황해도에서는 '귀설미'라고 하는데, 모두 '아가미'의 속어인 '고기숨구멍'과 연관이 있는 듯하다.
2 진드기(옴진드기)가 기생하여 일으키는 전염성 피부병.
3 원문은 '교膠'로 '아교', 즉 갖풀이라는 뜻인데 여기에서는 부레를 끓여 만든 부레풀(한자어로는 '어교魚膠')을 가리킨다. 물고기, 특히 민어의 부레를 끓여 풀을

있다.

《정자통正字通》[4]에는 "석수어는 '면'이라고도 하며 동남쪽 바다에 산다. 모양은 백어白魚[5]와 비슷한데 몸은 넓적하고 뼈는 약하며 비늘은 잘다"[6]라고 하였고, 《영표록嶺表錄》[7]에서는 '석두어石頭魚'라 하고 《절지浙志》에서는 '강어江魚'라 하였다.[8]

또 《임해지臨海志》[9]에는 '황화어黃花魚'라 하였다. 그런데 이 대면의 모습은 여러 책에서는 언급되지 않은 것이다.

면어鮸魚

【민간에서 부르는 이름은 '민어民魚'다.】

만들면 보통의 갖풀보다 더 접착력이 좋아 목공예 등에 많이 사용한다.
4 명明나라 말 장자열張自烈이 편찬한 한자 사전으로 3만여 자를 수록했는데, 청淸나라 초 요문영廖文英이 이 원고를 입수하여 12권으로 새로 편집했다. 체재는 《자휘字彙》의 형식을 따랐으며 '일一'부에서 '약龠'부까지 214부를 부수 배열로 했고 한자는 획으로 찾게 했다. 훈고해석訓詁解釋은 《자휘》를 구본舊本 또는 구주舊注로 삼고 인용하나, 이것은 다시 그것을 크게 보완하여 출전을 명시했다.
5 잉어목에 속하는 중국 특산 물고기로 주로 장쑤江蘇성 등지에 서식한다. 학명은 'Anabarilius'다.
6 《정자통》 권12의 '면' 자에 대한 주석에 나오는 말.
7 중국 당唐나라 때 유순劉恂(?~311?)이 지은 지리지地理志인 《영표록이嶺表錄異》를 가리키는 말. 당나라 때의 영남도嶺南道(지금의 광둥【廣東】성, 광시【廣西】성, 윈난【雲南】성 등을 포괄하는 지역)에 대한 사실을 기록한 책이다.
8 이 부분은 《정자통》 등을 직접 인용한 것이 아니라 《강희자전康熙字典》의 내용을 가져온 것이다.
9 중국 삼국시대 때 심영沈瑩(?~280)이 지은 지리지인 《임해이물지臨海異物志》를 가리키는데, 송나라 때 실전되어 일문逸文만이 남아 있다.

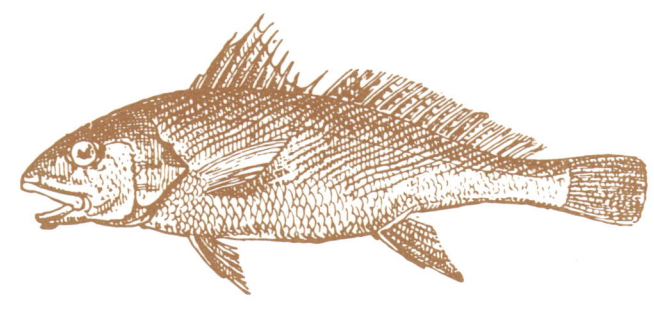

큰 것은 길이가 4~5자【주周나라 단위[10]로 말한 것이고 이하에서는 모두 이에 따른다.】이고 몸은 조금 둥글며 색은 황백黃白색이고 등은 청흑靑黑색이다. 비늘이 크고 입도 크다.

맛은 담백하고 달며 회로 먹거나 익혀서 먹기에 다 적합한데 말린 것[11]이 더욱 사람에게 이롭다. 부레는 부레풀을 만들 수 있다.

흑산도 바다 안에는 희귀한데 혹 수면으로 떠오르거나 혹 낚시로 잡는다. 나주羅州의 여러 섬 북쪽에서는 5~6월에는 그

---

10 중국 주周나라 때 사용하던 자의 종류로, 《예기禮記》에서는 한 자가 6치 6푼이라 했는데 시대마다 변화가 있어 길이가 일정하지는 않지만 대체로 약 20cm라고 전해진다.

11 민어의 내장을 제거하고 소금에 절여 말린 것을 '암치'라고 부른다.

물로, 6~7월에는 낚시로 잡는다.

그 알주머니는 길이가 몇 자인데 소금에 절이거나 말리면[12] 다 맛있다. 어린 놈은 민간에서 '암치어巖峙魚'라 부른다. 또 한 종이 있어 민간에서 부르는 이름은 '부세어富世魚'인데 길이는 두 자 남짓을 넘지 않는다.

○ **이청의 설명**

면은 소리가 '면免'인데 우리나라 소리로 '면免'과 '민民'은 서로 비슷하니, 민어民魚는 곧 면어다.《설문해자說文解字》[13]에서 "면은 물고기 이름으로 예사국薉邪國[14]에서 난다"라고 하였는데, '예薉'란 우리나라 영동嶺東 지방이다. 그런데 지금 영동의 바다에서는 면어가 난다는 말을 듣지 못하였고, 서남 바다에만 있을 따름이다.《본초강목本草綱目》[15]에는 다음과 같이 적혀 있다.

---

12 민어알이나 숭어알을 소금에 절이고 말린 음식을 '어란魚卵'이라 한다.
13 중국 후한後漢 때의 경학가經學家인 허신許愼(58~148)이 편찬한 한자 사전으로, 전서篆書를 기준으로 한자의 어원을 풀이했다. 해당 내용은《설문해자》권11에 수록되어 있다.
14 《설문해자》에는 '예사두국薉邪頭國'으로 되어 있다. 이는 예맥濊貊을 가리키는데, 통상 중국의 랴오닝【遼寧】성 봉성【鳳城】현 및 우리나라의 강원도 일대를 가리키는 것으로 알려져 있다.
15 중국 명나라 때 이시진李時珍(1518~1593)이 편찬한 약학서로, 52권으로 이루어져 있다. 해당 내용은《본초강목》권44에 수록되어 있다.

"석수어를 말린 것을 '상어鯗魚'라고 한다. 사람을 보양補陽해주기 때문에 '양養' 자를 따른다. 나원羅願[16]이 말하기를, '여러 물고기들은 죽어서 말린 것을 모두 '상鯗'[17]이라 하는데 그 맛이 석수어에 미치지 못하므로 말린 석수어만을 상어라고 부르게 된 것이다. 흰 것이 맛있기 때문에 '백상白鯗'이라 하며, 만약 바람에 노출되면 붉은 색으로 변하여 맛을 잃어버리게 된다'라고 하였다."

우리나라에서도 민어로 맛있는 어포를 만드는데, 민어가 바로 면이다.

○ 이청의 추가 설명

《동의보감東醫寶鑑》에서는 회어鮰魚를 민어라고 하였는데, '회鮰'는 '외鮠(작은 메기)'다. 강이나 호수에 살며 비늘이 없다. 진장기陳藏器가 '외'를 '면'으로 잘못 써서 이시진이 '회'와 '면'은 혼용할 수 없음을 변증辨證하였다.[18]

---

16 중국 송宋나라 때의 학자로, 《이아爾雅》(십삼경十三經 중 하나도, 중국에서 가장 오래된 자서字書)의 주석서인 《이아익爾雅翼》의 저자로 알려져 있다.

17 어포를 뜻함.

18 해당 내용은 《본초강목》 권44 '외어鮠魚' 항목에 대한 정오正誤에 수록되어 있다. 진장기(681~757)는 당나라 때 의사다.

추수어踏水魚

【민간에서 부르는 이름은 '조기曹機'다.】

큰 것은 1자 남짓이다. 모양은 면어와 비슷한데 몸이 조금 좁다. 맛은 역시 면어와 비슷한데 더욱 담백하며 쓰임은 면어와 같다. 알은 젓갈로 먹기에 적합하다.

흥양興陽[19]의 바깥 섬에서는 춘분春分[20] 후에 그물로 잡고, 칠산七山[21] 바다에서는 한식寒食[22] 후에 그물로 잡으며, 해주海州 앞바다에서는 소만小滿[23] 후에 그물로 잡고, 흑산도 바다에서는 6~7월에 비로소 밤낚시로 잡는데【물이 맑기 때문에 낮에는 낚시를 물지 않는다.】이미 산란을 끝냈으므로 맛이 봄에 잡히는 놈만 못하다. 말려도 오래 견디지 못하고 가을이 되어야 조금 나아진다.

○조금 큰 것【민간에서 부르는 이름은 '포구치甫九峙'다.】은 몸이 크고 짧으며 머리는 작고 굽어 있기 때문에 뇌 뒤가 높다. 맛은 비려서 오직 말려 먹기에만 적합하다. 칠산에서 나는 것이 조금 낫지만 역시 맛이 좋지 않다.

○조금 작은 것【민간에서 부르는 이름은 '반애盤厓'다.】은 머

---

19 전남 고흥군의 옛 이름.
20 24절기 중 4번째로, 양력 3월 21일 무렵이다.
21 전남 영광군 낙월면 송이리의 일산도, 이산도 등 일곱 섬을 가리키는 듯하다.
22 명절의 하나로 동지冬至에서 105일째 되는 날이다. 보통 4월 5~6일경이다.
23 24절기 중 8번째로, 양력 5월 21일 무렵이다.

리가 조금 뾰족하고 색은 미백색이다.

○가장 작은 것【민간에서 부르는 이름은 '황석어黃石魚'다.】은 길이가 4~5치고 꼬리가 매우 뾰족하며 맛은 매우 좋다. 때때로 그물 안에 들어가 있다.

○ **이청의 설명**

《임해이물지》에서 "석수어 중에서 작은 것을 '추수踏水'라 하고 그 다음은 '춘래春來'라고 한다"라고 하였고, 전구성田九成의《유람지遊覽志》[24]에서는 "매년 4월에 바다에서 오는데 몇 리에 걸쳐 이어지니 어부들이 그물을 내려 조류潮流를 끊어 잡는다. 첫물에 오는 것이 가장 맛있고, 두 번째, 세 번째 물에 오는 것은 물고기가 점차 작아지고 맛도 점차 떨어진다"라고 하였다.【《본초강목》에 나온다.】 대개 이 물고기가 때가 되면 물을 따라 오기 때문에 '추수'라고 이름을 붙인 것이다. 지금 사람들은 그물로 잡는데, 때가 되면 고기 떼가 몰려와 산더미처럼 잡게 되니 배에 이루 다 싣지 못할 정도가 된다. 해주와 홍

---

[24] 중국 명나라 때 전여성田汝成(1503~1557)이 편찬한 《서호유람지西湖遊覽志》를 가리킨다. 중국 항저우의 서호西湖와 관련된 다양한 인문지리적 사실과 관련 시문들을 모아놓은 종합 지리지로, 《서호유람지》 24권과 속편인 《서호유람지여》 26권으로 구성되어 있다. 이청이 인용한 부분은 《서호유람지여》 권24에 수록되어 있는데, 《서호유람지여》를 직접 인용한 것이 아니라 《본초강목》에서 인용해 왔으므로 인명 표기의 오류(《본초강목》에 '전여성'이 '전구성'으로 되어 있음)와 함께 《서호유람지여》의 원 내용과는 내용상의 출입이 있다.

양에서도 그물로 잡는데 시기를 달리 하는 것은 시기별로 물을 따라 오기 때문이다.

○ **이청의 추가 설명**

《박아博雅》[25]에서는 "석수는 종어鯼이다"라고 하였고, 〈강부江賦〉[26]의 주석에서는 "종어鯼魚는 일명 석수어다"라고 하였으며, 《정자통》에서는 석수어가 종어가 아님을 분명하게 변별하였다. 《본초강목》에서도 역시 두 물고기를 따로 기록하였으니, 살펴보면 알 수 있다.

---

[25] 중국 위魏나라 때 장읍張揖이 편찬한 자전字典인 《광아廣雅》의 다른 이름. 수나라 양제煬帝의 이름이 광廣이기 때문에 이를 피휘避諱하여 '박아'라 했다. 인용된 내용은 《광아》 권10에 수록되어 있다.
[26] 중국 진晉나라의 곽박郭璞이 지은 부賦 작품. 해당 작품 및 인용된 주석은 《문선文選》 권12에 수록되어 있다.

치어 鯔魚
: 몇 종류가 있다.

치어 鯔魚

【민간에서 부르는 이름은 '수어秀魚'다.】

큰 것은 길이가 5~6자고 몸은 둥글고 검으며 눈은 작고 누렇다. 머리는 넓적하고 배는 희다.

성질이 의심이 많아 화를 피하는 데 민첩하다. 또 헤엄을 잘 치고 도약을 잘 하여 사람의 그림자만 보아도 번번이 도망가니, 물이 혼탁하지 않으면 낚시를 물지 않고 물이 맑으면 그물이 열 걸음 거리에 있어도 이미 기색을 보고 도망간다.[27] 그물 안에 들어와도 또한 뛰어서 그물에서 탈출할 수 있다. 그물이 뒤에 있으면 차라리 언덕 위로 나와서 뻘에 엎드릴지언정 물을 향하지 않는다. 그물에 걸리게 되면 뻘에 엎드려 몸 전체를 진흙에 파묻고 한쪽 눈으로 바깥 동정을 살핀다.

맛은 달고 진하여 물고기 중에서도 제일이다. 잡는 것은 정해진 때가 없지만 3~4월에 산란하기 때문에 이 시기에 그물

---

[27] 원문은 '색거色擧'인데 《논어論語》〈향당鄕黨〉편에서 "새가 사람의 기색을 보고 날아올라 빙빙 돌며 살핀 뒤에 내려앉는다.(色斯擧矣, 翔而後集)"라고 한 데서 연원한 표현이다.

로 잡는 경우가 많다. 개펄의 진흙이나 혼탁한 물이 아니라면 갑자기 잡을 수 없기 때문에 흑산도 바다에도 간혹 있지만 잡을 수는 없다.

○ 작은 것은 민간에서 '등기리登其里'라 부르고, 가장 어린 것은 민간에서 '모치毛峙'라고 한다.【또한 '모당毛當'이라고도 하고 '모장毛將'이라고도 한다.】[28]

가치어假鯔魚

【민간에서 부르는 이름은 '사릉斯陵'이다.】

모양은 진치眞鯔와 같으나 머리가 조금 크다. 눈은 검고 크며 더욱 민첩하다. 흑산도에서 나는 것은 이 종류밖에 없다. 어린 것은 이름이 '몽어夢魚'다.

○ **이청의 설명**

《본초강목》에서는 다음과 같이 말하였다.

"치어鯔魚는 리鯉와 비슷하고 몸은 둥글며 머리는 넓적하고

---

[28] 숭어는 성장 과정에 따라 이름이 달라지는데, 전라도에서는 '모쟁이→ 모치 → 무글모치→ 댕기리→ 목시락→ 숭어(영산강변)' 또는 '모치→ 동어→ 모쟁이→ 준거리→ 숭어(강진)'라 부른다고 한다. 여기에서 '등기리'는 '댕기리'를, '모치, 모당, 모장'은 '모쟁이, 모치' 등의 명칭을 가리키는 것으로 보인다.

뼈는 연하다. 강과 바다의 얕은 물 안에 산다.[29] 마지馬志[30]가 말하기를 '습성이 진흙 먹기를 좋아한다' 하였고, 이시진이 말하기를 '치어는 색이 검기 때문에 이런 이름이 붙었다. 월粤 나라[31] 사람들에게는 와전되어 자어子魚라 한다. 동해[32]에 살고 누런 기름이 있어 맛이 좋다'라고 하였다."[33]

지금 사람들이 말하는 '수어秀魚'가 바로 이것이다.【《삼국지三國志》의 주석에서 "개상介象이 손권孫權과 회에 대해 논하였는데, 개상이 말하기를 '치어가 최고입니다'라고 하니 손권이 말하기를 '이것은 바닷속에서 나니 어떻게 얻을 수 있는가?' 하였다. 개상이 바닷물을 길어다 구덩이에 가득 채우게 하고 낚싯줄을 드리우자 잠깐 사이에 낚시에 치어가 걸렸다"라고 하였다.】[34]

---

29 이 부분은 《본초강목》에도 나오는 내용이기는 하나 직접 인용은 《강희자전》 권35에서 한 것이다.
30 송나라 때 의학가로 알려진 인물. 원래 도사道士(도교道敎를 수행하는 성직자)였으나 송 태종太宗의 병을 치료하여 의술로 이름이 났다.
31 중국의 남방에 월족粵族이 살던 곳으로, 지금의 저장[浙江] 등지와 베트남 일대를 포괄하는 지역이다.
32 여기서는 중국을 기준으로 동쪽 바다, 즉 우리나라 서해를 가리킨다.
33 해당 내용은 《본초강목》 권44에 수록되어 있다.
34 《삼국지》는 진晉나라의 진수陳壽가 편찬한 중국 후한 말엽의 삼국시대에 대한 정사正史 역사서로, 송末의 배송지裵松之가 주석을 달았다. 해당 내용은 권18 〈오지吳志〉의 주석에 나온다.

노어鱸魚

노어鱸魚

큰 것은 길이가 1길이며, 몸은 둥글고 길다. 살진 것은 머리가 작고 입은 크며 비늘은 작다. 아가미는 두 겹인데 얇고 물러 낚싯바늘이 걸리면 쉽게 찢어진다. 색은 흰색인데 검은 그림자가 있고 등은 청흑靑黑색이다. 맛은 달고 맑다. 4~5월에 처음 나고 동지冬至[35] 후에는 자취가 끊긴다.

성질이 민물을 좋아하여 장맛비로 물이 불어날 때마다 낚시꾼들이 바닷물과 민물이 만나는 곳을 찾아 낚시를 던졌다 곧바로 들어올리면 노어가 이를 따라 낚시를 삼킨다. 흑산도에서 나는 것은 몸집이 가늘고 작으며 맛도 육지 가까이에서 나는 것만 못하다. 어린 것은 민간에서 '보로어甫鱸魚'라고 부른다.【또 '걸덕어乞德魚'[36]라고도 한다.】

---

35 24절기 중 22번째로, 일 년 중 낮이 가장 짧고 밤이 가장 긴 날이다. 양력 12월 22~23일쯤이다. 이날 가정에서는 팥죽을 쑤어 먹고 관상감觀象監에서는 달력을 벼슬아치들에게 나누어주었다고 한다.
36 농어를 전남 방언으로 '깔때기' 또는 '껄떡'이라고 하는데, 이를 음차한 표현이다. 전북과 경남 등지에서는 '깔다구' 등으로도 부른다.

○ 이청의 설명

《정자통》에서 "노鱸는 궐鱖[37]과 비슷한데 입은 크고 비늘은 작으며 길이는 몇 치다. 아가미가 네 개여서 민간에서는 '사새[38]어四腮魚'라고 부른다"라고 하였다.[39]

이시진이 말하기를 "노는 오중吳中[40]에서 나는데 송강松江[41]에 더욱 많으며 4~5월에 바야흐로 나온다. 길이는 겨우 몇 치고, 모양은 작아 궐과 비슷하고 색은 희면서 검은 점이 있다"【《본초강목》에 나온다.】[42]라고 하였다. 대개 오중의 노는 짧고 작아서 우리나라와는 다르다.

---

37 중국쏘가리로, 학명은 Siniperca chuatsi. 우리나라 쏘가리의 학명은 Siniperca scherzeri로, 서로 다른 종이다.
38 '시'로도 읽을 수 있다.
39 이 부분은 《강희자전》 권35의 '로鱸'에 대한 풀이를 그대로 인용한 것이다.
40 중국 오吳나라 지역을 가리키는 말로, 지금의 장쑤{江蘇}성 우{吳}현 일대다.
41 중국 쑤저우{蘇州}에서 발원하는 양쯔강의 지류支流로, 지금의 상하이{上海}를 지난다. 여기에서 나는 농어가 특히 유명하여 '순갱노회蓴羹鱸膾'라는 고사성어도 있다.
42 《본초강목》 권44 참조.

강항어 強項魚

강항어 強項魚

【민간에서 부르는 이름은 '도미어道尾魚'다.】

큰 것은 길이가 3~4자고 모양은 노鱸와 비슷하며, 몸이 짧고 높은데 높은 곳은 길이의 반 정도 된다. 등은 붉고 꼬리는 넓으며 눈은 크고 비늘은 면어와 비슷한데 매우 억세다. 머리와 목은 아주 단단하여 사물이 닿으면 모두 부서진다. 이빨은 매우 강하여 전복[43]이나 소라의 껍데기도 씹을 수 있다. 낚시를 물어도 펴서 끊어버릴 수 있다. 고기는 자못 단단하며 맛은 달고 진하다. 호서湖西 지방과 해서海西[44] 지방에서는 4~5월에 그물로 잡는다. 흑산도에서는 4~5월에 비로소 나는데 겨울에 접어들면 자취가 끊긴다.

흑어 黑魚

【민간에서 부르는 이름은 '감상어甘相魚'다.】

색은 검고 조금 작다.

---

[43] 국립중앙도서관 소장본은 '황鱶'으로 되어 있는데 규장각 소장본(가람본)에 '복鰒'으로 되어 있는 것이 문맥상 타당하다고 판단되어 이를 따랐다.
[44] 호서 지방은 충청도, 해서 지방은 황해도를 가리킨다.

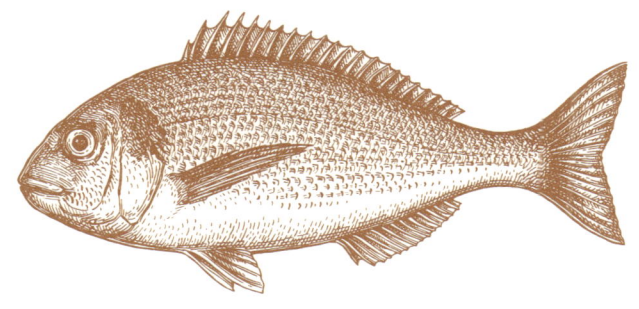

유어瘤魚

【민간에서 부르는 이름은 '옹이어癰伊魚'다.】

모양은 강항어와 비슷하나 몸이 조금 길고 눈은 조금 작다. 색은 자적紫赤색이다. 뇌 뒤에 혹이 있어 큰 것은 주먹 같다. 턱 아래에도 혹이 있는데 삶으면 기름이 된다. 맛은 강항어와 비슷하나 그것만 못하다. 머리에 고기가 많으며 매우 진하다.

골도어骨道魚

【민간에서 부르는 이름은 '닥도어[多億道魚]'다.】

크기는 4~5치고 모양은 강항어와 비슷하다. 색은 희고 뼈는 매우 단단하다. 맛은 담백하다.

북도어北道魚

【민간에서 부르는 이름을 따랐다.】

큰 것은 7~8치고 모양은 강항어와 비슷하다. 색은 희고 맛도 그와 같은데 조금 담백하고 싱겁다.

적어赤魚

【민간에서 부르는 이름은 '강성어剛性魚'다.】

모양은 강항어와 같은데 작고 색은 붉다. 강진현康津縣의 청산도青山島[45] 바다에 많은데 8~9월에 비로소 난다.【원편原編에는 빠져 있던 것을 이제 보충하였다.】

○ **이청의 설명**

《역어유해譯語類解》[46]에서는 도미어를 '가계어家鷄魚'라고 하였다.

---

[45] 전남 완도군 청산면의 주도主島로, 다도해 최남단에 위치해 있다.
[46] 1682년(숙종 8)에 사역원司譯院에서 신이행愼以行 등이 편찬한 중국어 어휘사전으로, 4,800여 개의 어휘가 수록되었다. 해당 내용은《역어유해》하에 수록되어 있으며, '가계어' 표제어 아래에 '도미'라고 풀이가 되어 있다.

시어鰣魚

시어鰣魚

【민간에서 부르는 이름은 '준치어蠢峙魚'다.】

크기는 2~3자고 몸은 좁고 높으며 비늘은 크고 가시가 많으며 등은 푸른색이다. 맛은 달고 맑다. 곡우穀雨[47] 뒤에 우이도牛耳島[48]에서 잡힌다. 이곳에서 점차 북쪽으로 올라가서 6월 사이에 비로소 황해도에 이르면 어부들이 쫓아가 잡는다. 그러나 늦게 잡히는 것이 일찍 잡히는 것만 못하다.

○작은 것은 크기가 3~4치고 맛은 매우 싱겁다.

○ 이청의 설명

《이아爾雅》〈석어釋魚〉편에서 "구鯦는 당호當魱다"라고 하였고, 곽박郭璞의 주석에서 "바닷물고기다. 편鯿과 비슷한데 비늘이 크고 살져서 맛있는데 가시가 많다. 지금 강동江東[49]에서

---

47 24절기 중 6번째로, 봄비가 내려 백곡(穀)을 기름지게 한다는 시기다. 대체로 양력 4월 20일 경이다.
48 전남 신안군 도초면 우이도리에 있는 섬. 흑산도 동쪽에 있다.
49 장강長江(양쯔강) 동쪽 지역이라는 뜻으로 지금의 상하이(上海), 난징(南京) 일대를 일컫는다.

는 그중 길이가 3자 되는 가장 큰 것을 '당호'라고 부른다."[50] 라고 하였다. 《유편類篇》[51]에서는 "구鱏는 나오는 때가 있으니, 바로 지금의 시어鰣魚다"라고 하였고, 《집운集韻》[52]에서는 "시鰣는 시鱏와 같다"라고 하였다."[53]

이시진이 말하기를 "시鱏는 모양이 빼어나고 넓적하며 방鲂과 조금 비슷하면서 길다. 마치 은처럼 색이 희고 살 속에 잔가시가 털처럼 많다. 큰 것도 3자를 넘기지 않는다. 배 아래에는 갑옷같이 딱딱한 삼각형 비늘이 있고, 그 지방 역시 비늘 안에 있다.【《본초강목》에 나온다.】[54] 이것이 바로 지금 민간에서 '준치어'라고 하는 것이다" 하였다.

○ 이청의 추가 설명

《역어유해》에서는 준치어를 '늑어肋魚'라 하였고,[55] 일명 찰도어鍘刀魚라고도 한다. 《본초강목》에는 별도로 '늑어勒魚' 조목이 있어 "시어鰣魚와 비슷하고 머리는 작은데 다만 배 아래

---

50 《이아주소爾雅注疏》권10에 나오는 내용이다.
51 송나라 때 사마광司馬光이 편찬한 한자 사전. 해당 내용은 권32 '호魱'에 대한 풀이에 나온다.
52 송나라 인종仁宗 때 정도丁度 등이 편찬을 시작하여 사마광이 완성한 운서韻書.
53 《강희자전》권35에서 '호魱'에 대한 풀이를 그대로 인용한 내용이다.
54 《본초강목》권44 참조.
55 《역어유해》'늑어肋魚' 조에 '쥰티'라고 풀이되어 있고, 바로 이어서 '찰도어鍘刀魚' 조에 '위와 같음'이라고 풀이되어 있다.

에 단단한 가시가 있다"[56]라고 하였는데 지금 민간에서 말하는 준치어는 아니다.

---

[56] 《본초강목》권44에 나오는 내용이다.

벽문어 碧紋魚

벽문어 碧紋魚

【민간에서 부르는 이름은 '고등어皐登魚'다.】

길이는 2자쯤이고 몸은 둥글며 비늘은 아주 작고, 등은 푸르며 무늬가 있다. 맛은 달고 신데 탁하다. 국으로 먹기에 적합하고 젓갈로 먹기에도 적합하지만 회나 어포는 만들 수 없다.

추자도楸子島[57]의 여러 섬에서는 5월에 비로소 낚시를 하고 7월에 자취가 끊겼다가 8~9월에 다시 나온다. 흑산도 바다에서는 6월에 비로소 낚시를 하고 9월에 자취가 끊긴다.

이 물고기는 낮에는 헤엄을 치며 빠르게 오가서 사람은 따라갈 수 없다. 또한 성질은 밝은 곳을 좋아하기 때문에 불을 피워 밤에 낚시질을 한다. 맑은 물에서 노는 것을 좋아하기 때문에 그물을 칠 수는 없다고 한다. 섬사람들이 말하기로는 "이 물고기는 건륭乾隆[58] 경오년(1750, 영조 26)에 처음 많아졌다가 가경嘉慶[59] 을축년(1805, 순조 5)에 이르기까지 비록 풍년일 때와 흉년일 때가 있기는 했지만 없던 적이 없습니다.

---

[57] 제주특별자치도 제주시 추자면의 섬. 지리적으로는 전남 완도군에 가깝다.
[58] 청나라 건륭제乾隆帝(1711~1799)의 연호.
[59] 청나라 가경제嘉慶帝(1760~1820)의 연호.

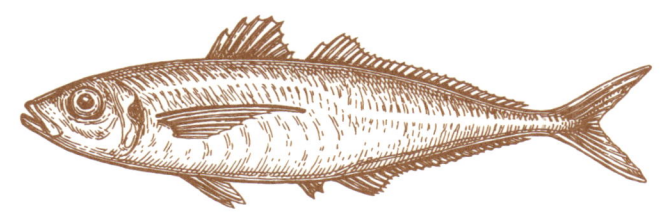

병인년(1806, 순조 6) 이후로는 해마다 감소하여 지금은 거의 자취가 끊겼습니다. 근래에 들으니 영남 바다에 새로 이 물고기가 나왔다고 합니다"라 하는데 그 까닭은 알 수 없다.

○조금 작은 것【민간에서 부르는 이름은 '도돔발[道塗音發]'이다.】은 머리가 조금 줄어들고 모양은 조금 높으며 색은 조금 엷다.

가벽어假碧魚

【민간에서 부르는 이름은 '가고도어假古刀魚'다.】

몸은 조금 작고 색은 더욱 엷다. 입은 작고 입술은 얇으며 꼬리 주변으로 잔가시가 있어 날개에 이르러 그친다. 맛은 달고 진하여 벽문어보다 낫다.

해벽어 海碧魚

【민간에서 부르는 이름은 '배학어拜學魚'다.】

모양은 벽문어와 같고 색도 푸르지만 무늬가 없다. 몸은 살지고 살은 무르다. 큰 바다에서 노닐고 물가로는 가까이 오지 않는다.

청어 青魚

청어青魚

길이는 한 자 남짓이다. 몸은 좁고 색은 푸른색이며, 물을 떠난 지 오래되면 볼이 붉어진다. 맛은 담백하고 싱거워 국, 구이, 젓갈, 어포로 먹기에 적합하다.

정월에 포구로 들어와 해안을 따라 가며 알을 낳는데, 억만 마리가 떼지어 와 바다를 가릴 정도다. 3월 사이에 산란하고 나면 물러간다. 그후에 길이 3~4치 정도 되는 새끼가 그물에 걸린다.

건륭 경오년 이후 10여 년 동안 매우 많다가 그후 줄었다가 가경 임술년(1802년, 순조2)에 매우 많아졌고 을축년 이후에 또 줄었다가 많아졌다. 이 물고기는 동지冬至 이전에 영남좌도嶺南左道[60]에 처음 나와서 바다를 따라 서쪽으로 갔다 북쪽으로 가서 3월에 황해도에서 나온다. 황해도에서 나는 것은 남해에서 나는 것보다 두 배는 크다. 영남과 호남에서는 번갈아가며 줄어들었다 많아졌다 한다고 한다.

---

[60] 영남은 경상도를 가리키며, 낙동강을 경계로 좌우로 나뉘어 동부 지역을 영남좌도(경상좌도)라 했다. 좌우 구분은 남쪽을 향하여 섰을 때(임금이 앉는 방향)를 기준으로 하므로 동부 지역이 '좌도'가 된다.

○ 창대昌大[61]가 말하기를 "영남에서 나는 것은 척추가 74마디고 호남에서 나는 것은 척추가 53마디다"라고 하였다.

○ **이청의 설명**

청어는 '청어鯖魚'라고도 쓴다. 《본초강목》에서 "청어는 강과 호수에서 살고 머리 안 침골枕骨[62]은 모양이 마치 호박석[63] 같다. 잡는 데 정해진 시기가 없다"라고 했으니, 지금의 청어가 아니다. 지금은 그 색이 푸른색이기 때문에 임시로 이름을 붙인 것이다.

---

61 《자산어보》서문에 등장하는, 흑산도 주민 장덕순을 가리킨다.
62 머리뼈의 뒤쪽 하부를 이루는 뼈.
63 지질시대 나무의 진 따위가 땅속에 묻혀서 탄소, 수소, 산소 등과 화합하여 굳어진 누런색 광물. 투명하거나 반투명하고 광택이 있으며, 불에 타기 쉽고 마찰하면 전기가 생긴다.

식청食鯖

【민간에서 부르는 이름은 '묵을충墨乙蟲'이다. '묵을'이란 '먹다'의 뜻이다. 산란할 줄 모르고 단지 먹이 찾을 줄만 안다는 말이다.】

눈은 조금 크고 몸은 조금 길다. 4~5월에 잡는데 뱃속에 알이 보이지 않는다.

가청假鯖

【민간에서 부르는 이름은 '우동필禹東筆'이다.】

몸은 조금 둥글고 살쪘다. 맛은 조금 시지만 달고 진하여 청어보다 낫다. 청어와 같은 때에 그물로 잡는다.

관목청貫目鯖

모양은 청어와 같으며 두 눈이 관통되어 막혀 있지 않다. 맛은 청어보다 낫고 건어물로 만들면 더욱 맛있다. 그러므로 무릇 '청어 말린 것'을 모두 '관목'이라 부르는 것은 명실상부하지가 않다. 영남 바다에서 나는 것이 가장 희귀하다.【원편原編에는 빠져 있던 것을 이제 보충하였다.】

사어 鯊魚

무릇 알에서 태어나는 물고기는 암수가 교미하지 않고 수컷이 먼저 흰 액(정액)을 쏟아내면 암컷이 정액에 알을 낳아 새끼가 부화한다. 유독 '사鯊'라는 것만은 새끼를 낳는데, 새끼를 낳을 때 정해진 때가 없으니 물에 사는 동물들 중에서도 특별한 사례다.

수컷은 외부에 생식기 두 개가 있고, 암컷은 배에 자궁 두 개가 있으며 자궁 안에 각기 4~5개의 태胎[64]가 만들어지는데, 태가 성숙하면 새끼를 낳는다. 새끼 사는 가슴 아래에 각기 알 하나씩을 품고 있는데 크기는 수세미 열매만 하며, 알이 사라지면 새끼를 낳는다.【'알'이라고 한 것은 사람의 배꼽에 해당하며, 새끼 사의 뱃속 물건은 바로 알즙이다.】

○ **이청의 설명**

《정자통》에서 "해사海鯊는 눈이 푸르고 뺨은 붉으며 등 위에는 지느러미가 있고 배 아래에는 날개[65]가 있다"라고 하였

---

64 태반이나 탯줄과 같이 태아를 둘러싸는 여러 조직을 일상적으로 이르는 말.
65 가슴지느러미를 의미하는 것으로 생각된다.

고,《육서고六書故》[66]에서 "사는 바다에서 나는데 그 가죽이 모래 같아 이름을 얻게 되었다. 입은 크고 비늘이 없으며 새끼를 낳는다"라고 하였다."[67]

《본초강목》에서는 교어鮫魚를 일명 사어沙魚, 작어鱛魚, 복어鰒魚, 유어溜魚라고 하였다. 이시진이 말하기를 "옛날에는 '교'라 하고 지금은 '사'라 하는데, 같은 부류이면서 몇 가지 종種이 있는 것이다. 가죽에는 모두 모래가 있다"라고 하였고, 진장기가 말하기를 "그 가죽 표면에 모래가 있어 나무를 다듬는 데 좋으며 마치 쇠뜨기[68]같다"라고 하였다.【또한《본초강목》에 나온다.】

이는 모두 이 해사를 가리키는 것이다. 그 새끼는 모두 태생胎生을 하여 어미의 뱃속을 드나든다. 심회원沈懷遠의《남월지南越志》[69]에서 "환뢰어環雷魚는 작어다. 길이는 1길 정도고 배에 두 개의 구멍이 있어서 물을 저장해두고 새끼를 기르는

---

66 송나라 때 대동戴侗이 편찬한 한자 사전으로, 육서六書의 원리에 입각하여 한자를 분석했다.
67 이상의 내용은《강희자전》권35에서 '사鯊'에 대한 풀이를 인용한 것이다.
68 북반구 온대에 분포하는 여러해살이풀로 양치식물의 일종이다. 줄기로부터 나오는 생식 줄기를 '뱀밥'이라고 하여 약용으로 쓰는데, 표면이 울퉁불퉁하여 상어 가죽과 유사하다.
69 심회원(5세기 전후 생존)은 남조南朝시대 송宋나라의 문신이며,《남월지》는 그가 편찬한 월나라 지역의 지방지地方志인데 실전失傳되었다. 해당 인용문은《본초강목》에 실린 것을 인용한 것이다.

데 한쪽 배에 새끼 세 마리를 품는다. 새끼들은 아침에 입 안에서 나와 저녁에 다시 뱃속으로 들어간다"라고 하였다. 《유편》 및 《본초강목》에서도 모두 그런 이야기를 했으니 잘 살펴 알 일이다.【작어가 바로 해사다.】

고사膏鯊

【민간에서 부르는 이름은 '기름사其麋鯊'다.】

큰 것은 7~8자며 몸은 길고 얼굴은 둥글다. 색은 재와 같다.【무릇 '사'는 색이 다 그렇다.】등지느러미와 꼬리 위에 각기 송곳처럼 생긴 뼈가 하나씩 있다. 가죽은 단단하여 마치 모래 같다. 간에 기름이 특히 많고 몸 전체가 모두 기름이다. 고기는 눈처럼 흰데 혹 구워 먹고 혹 국을 끓여 먹으며 맛은 진하고 회나 어포에는 어울리지 않는다.

○무릇 '사'를 손질하는 법은 뜨거운 물에 담가 비비면 모래 같은 비늘이 저절로 떨어진다. 그 간을 볶아 기름을 취하여 등불의 재료로 쓴다.

진사眞鯊

【민간에서 부르는 이름은 '참사參鯊'다.】

모양은 고사와 비슷한데 몸이 조금 짧고 머리는 넓으며 눈은 조금 크다. 고기의 색은 조금 붉고 맛은 조금 담백하여 회와 어포로 먹기에 적합하다.

○큰 것은 '강사羌鯊'[70]라 하고【민간에서 부르는 이름은 '민동사民童鯊'다.】중간 것은 '마표사檛杓鯊'[71]라고 하며【민간에서 부르는 이름은 '박죽사朴竹鯊'다.】작은 것은 '돔발사[道音發鯊]'라고 한다.

○창대가 말하기를 "마표사는 별도로 1종이 있어, 머리는 해요어海䴘魚와 같고 모양은 주걱과 비슷하기 때문에 이런 이름이 붙었다. 또 '화사鏵鯊'라고도 하는데【'화鏵(삽)'도 또한 주걱과 비슷하다.】진사의 중간 것이 아니다"라고 하였다.

해사蟹鯊

【민간에서 부르는 이름은 '게사揭鯊'다.】

'팽해蟛蟹' 먹기를 좋아하기 때문에 이런 이름이 붙었다. 모양은 고사와 비슷하지만 송곳 같은 뼈가 없다. 옆구리에 흰 점이 있어 줄을 이루어 꼬리까지 닿는다. 그 쓰임은 진사와 비슷하다. 간에는 기름이 없다.

---

[70] 판본에 따라 '독사禿鯊'로 되어 있기도 함.
[71] 국립중앙도서관 소장본에 '마구사檛枸鯊'라 되어 있으나 규장각 소장본에 근거하여 '표'로 고쳤다. '마표'는 '주걱'의 한자 표기고, 원주原註에 나오는 '박죽'은 '주걱'의 전남(신안, 해남, 진도, 완도 등지) 방언이다.

죽사竹鯊

【민간에서 부르는 이름을 그대로 따른다.】

고사와 같으나 큰 것은 한 길 정도다. 머리는 조금 크고 넓으며 입술과 입은 조금 평평하고 넓다.【다른 사는 입술과 입이 비수匕首[72]처럼 생겼다.】 양 옆구리에는 검은 점이 있어 줄을 이루어 꼬리까지 닿는다. 쓰임은 진사와 같다.

○ 이청의 설명

소송蘇頌[73]이 말하기를 "교鮫 중에서 크고 입이 톱처럼 생긴 것을 '호사胡沙'라고 하는데 성질이 선하고 고기가 맛있다. 작고 가죽이 거친 것을 '백사白沙'라고 하는데 육질이 단단하고 독이 조금 있다"라고 하였다. 이시진이 말하기를 "등에 사슴처럼 구슬 무늬가 있고 단단한 것을 '녹사鹿沙'라고 하고, 또 '백사白沙'라고도 한다. 등에 호랑이처럼 얼룩무늬가 있고 단단한 것을 '호사虎沙'라고 하고, 또 '호사胡沙'라고도 한다"[74]라고 하였다.【《본초강목》에 나온다.】 지금 해사, 죽사, 병치사, 왜사에 속하는 종류들은 모두 호랑이나 사슴처럼 얼룩점이 있

---

72 날이 날카로운 단도. 전국 시대 때의 자객인 형가荊軻가 진시황秦始皇을 암살하려 했을 때 사용한 칼로 유명하다.
73 소송(1020~1101)은 중국 북송 시대의 문인이자 학자로, 자는 자용子容이다.
74 이상의 내용은 《본초강목》 권44 〈교어鮫魚〉 항목에 나오는 내용이다.

다. 소송과 이시진이 말한 것은 바로 이를 가리킨다.

치사癡鯊

【민간에서 부르는 이름은 '비근사非勤鯊'다.】

큰 것은 5~6자고, 몸은 넓적하고 짧으며 배는 크고 누렇다.【다른 물고기는 모두 배가 희다.】 등은 자흑紫黑색이다. 입은 넓적하고 눈은 함몰되었다. 성질은 매우 느리고 어리석다. 물에서 나와 하루 동안은 죽지 않는다. 회로 저며 먹기에 적합하지만 다른 데는 쓸 수 없다. 간에 기름이 특별히 풍성하다.

왜사矮鯊

【민간에서 부르는 이름은 '전담사全淡鯊'다.】

길이는 몇 자가 되지 않는다. 생김새와 색깔, 성질과 맛이 모두 치사와 비슷하다. 다만 몸이 작은 점이 다르다.

○ 이청의 설명

섬사람들은 왜사를 '조전담사趙全淡鯊'라고 부르고 또 '제주아濟州兒'라고 부르는데, 무슨 뜻인지는 알 수 없다.

병치사駢齒鯊

【민간에서 부르는 이름은 '애락사愛樂鯊'다.】

큰 것은 1길 반이다. 생김새는 치사와 비슷하고 자흑색이며, 나란한 두 이빨은 회색이다. 양 옆구리에 흰 점이 있어 줄을 이루고 있다. 꼬리는 조금 작고 이빨은 굽은 칼 같은데 매우 단단하고 예리하여 다른 '사'를 물 수 있다. 다른 '사'가 낚시를 물면 병치사가 그것을 끊어 먹는데, 낚시를 잘못 삼켜 사람에게 잡힌다. 뼈는 부드럽고 약하여 날로 먹을 수 있다.

철좌사鐵剉鯊

【민간에서 부르는 이름은 '줄사茁鯊'다.】

고사와 비슷한데 등이 조금 넓적하고 꼬리 위의 지느러미는 도랑처럼 조금 움푹 들어가 있다.

입 위에 뿔이 하나 있는데 그 길이가 몸 전체의 삼분의 일을 차지하며 생김새는 창이나 칼 같다. 양 가장자리에는 마치 톱처럼 거꾸로 난 가시가 있는데 매우 단단하고 예리하여 사람이 혹시라도 닿으면 군용軍用 칼보다 더 깊게 찔린다. 그러므로 '철좌'라고 하였으니, 칼처럼 날카롭게 톱을 연마하는 철좌자鐵剉子[75]를 가리킨다. 뿔 아래에는 수염 두 가닥이 있어 길이는 한 자 정도다.

그 쓰임은 진사와 같다.

---

75 금속을 연마하는 데 쓰는 공구인 '줄'을 가리킨다. '剉'는 '銼'의 의미로 사용한 것으로 보이는데 중국에서는 흔히 '좌도銼刀'라고 부른다.

◦ 이청의 설명

《본초강목》에서 "교어鮫魚 중에서 코 앞에 도끼 같은 뼈가 있어 사물을 공격하고 배를 부술 수 있는 것을 '거사鋸沙'라 하고 또 '정액어挺額魚'라고도 하며 또 '번작鰭鰭'이라고도 하니, 코뼈가 도끼 같음을 이른다【이시진의 설이다.】라고 하였다. 좌사左思[76]의 〈오도부吳都賦〉[77]에서 "인鯡과 귀龜와 번작"이라 하고, 주석에서 풀이하기를 "번작은 코 앞에 마치 도끼처럼 생기고 가로로 있는 뼈가 있다"라고 하였다. 《남월지》에서 "번어의 코에는 도끼처럼 생기고 가로로 있는 뼈가 있어서, 바다에서 배가 그것을 만나게 되면 반드시 잘린다"라고 하였다. 이것들이 모두 지금 민간에서 말하는 철좌사다. 지금 철좌사는 크기가 두 길이나 되는 것이 있고, 극치사戟齒鯊[78]나 기미사箕尾鯊의 종류도 모두 사람을 삼키고 배를 뒤집을 수 있다.

---

76 좌사(250?~305)는 중국 진晉나라 때의 문인으로 자는 태충太沖이다. 특히 부를 잘 지어서 10년 동안 고심하여 〈촉도부蜀都賦〉, 〈오도부吳都賦〉, 〈위도부魏都賦〉로 이루어진 〈삼도부三都賦〉를 지은 것으로 유명하다. 낙양 사람들이 이 작품을 다투어 베껴가느라 낙양의 종이 값이 폭등했다는 이른바 '낙양지가귀洛陽紙價貴'라는 고사성어가 있다.

77 원문에는 '촉도부蜀都賦'로 되어 있으나 '오도부'의 오류다. 좌사의 부 삼부작인 〈삼도부〉의 두 번째 작품으로, 삼국시대 동오東吳의 중심 도시인 건업建業과 주변 지역의 지리, 풍속, 사적 등을 읊은 것이다.

78 국립중앙도서관 소장본에는 '재치사戲齒鯊'로 되어 있는데 규장각 소장본에 근거하여 고쳤다.

효사驍鯊

【민간에서 부르는 이름은 '모돌사毛突鯊'다.】

다른 사와 비슷한데 크기가 1길 정도다. 두드러지게 큰 것은 혹 3~4길이나 되어서 사로잡을 수 없다. 이빨이 매우 단단하고 매우 날래고 용감하여 어부들이 세 갈래 작살로 찌르는데, 작살에 줄을 묶어놓고 화내며 달아나도록 두고서 힘이 다하기를 기다린 후에 줄을 거두어들인다. 혹 낚시할 때 뜻하지 않게 낚싯바늘을 무는데, 달아날 때 낚싯줄이 손가락에 걸리면 손가락이 잘리고, 허리에 걸리면 전신이 물에 끌려 들어가 효사가 끌고서 달아난다.

쓰임은 다른 사와 같은데 맛은 조금 쓰다.

산사鏟鯊

【민간에서 부르는 이름은 '제자사諸子鯊'다.】

큰 것은 2길 정도다. 몸통은 올챙이와 비슷하고 앞쪽 날개 지느러미는 부채처럼 크다. 가죽은 찌를 듯이 뾰족하고 날카로워 산鏟[79]을 만들면 철로 만든 것보다 날카롭다. 그 가죽을 갈아 기물器物을 꾸미면 견고하고 매끄러우면서 무늬가 반짝거려 좋아할 만하다. 맛은 싱겁고 회로 먹을 수 있다.

---

79 대패 또는 삽을 가리키는 글자인데 여기에서는 무엇을 지칭하는지 분명치 않다.

○ **이청의 설명**

《순자荀子》[80] 〈의병議兵〉 편에서 "초楚나라 사람들은 교어鮫의 가죽과 무소[81]로 갑옷을 만들었다"라고 하였고, 《사기史記》[82] 〈예서禮書〉 편의 '교현鮫韅'[83]에 대한 주석에서 서광徐廣[84]이 말하기를 "교어의 가죽은 옷과 기물을 장식할 수 있다"라고 하였으며,[85] 《설문해자》에서는 "교는 바닷물고기다. 가죽은 칼을 장식할 수 있다"라고 하였는데, 이는 모두 지금의 산사를 가리키는 것이다. 《산해경山海經》[86]에서는 "장수漳水[87]는 동남쪽으로 흘러 저雎 땅으로 들어가는데, 그 안에 교어가 많다.

---

[80] 전국시대의 유가사상가인 순자荀子(B.C. 298?~B.C. 238?)의 저술로, 총 32편으로 구성되어 있다.
[81] 코뿔소를 가리키는 말.
[82] 중국의 삼황오제三皇五帝 때부터 전한前漢까지의 역사를 기록한 책으로, 사마천司馬遷(B.C. 145?~B.C. 86?)이 편찬했으며 본기本紀, 표表, 서書, 세가世家, 열전列傳 등 총 130권으로 이루어져 있다. 기전체紀傳體 역사서의 효시이자 정사正史(중국 역대 왕조의 공식적인 역사서)의 첫 작품이다.
[83] 상어 가죽으로 장식한 말뱃대끈(말의 배에 졸라매는 띠). 해당 내용은 《사기》 〈예서〉 편에서 말과 수레의 다양한 장식과 그 의미에 대해 설명하는 부분에 나온다. 여기에서 사마천은 '교현' 장식이 천자의 위엄을 길러 준다고 설명했다.
[84] 서광(352~425)은 중국 동진東晉 때의 문인으로, 자는 야민野民이다.
[85] 이상의 내용은 《강희자전》의 '교鮫' 자에 대한 해설 부분에서 인용된 것을 재인용한 것이다.
[86] 중국 고대의 지리지地理志이자 신화집神話集. 총 18편으로 이루어져 있다.
[87] 산시[山西]성 동부의 청장清漳과 탁장濁漳 두 강을 가리키는데, 동남쪽으로 흘러 지금의 허베이[河北], 허난[河南]에 이르러 하나로 합쳐진다.

가죽으로는 도검을 장식할 수 있고, 입안 가죽[88]으로는 재목과 뿔을 손질할 수 있다"[89]라고 하였다.

이시진이 말하기를 "가죽에는 구슬이 있어 도검을 장식하거나 뼈와 뿔을 손질할 수 있다"라고 하였다. '구착'이란 입안의 거친 가죽이다. 지금 산사의 입안의 가죽은 문질러보면 매우 날카롭다. 민간에서 말하는 '구중피口中皮'가 바로 이것이다.

노각사艫閣鯊

【민간에서 부르는 이름은 '귀안사歸安鯊'다.】

큰 것은 1길 남짓이다. 머리는 노각艫閣[90]과 비슷하며, 앞은 네모나고 뒤는 줄어들어 고사와 비슷하다. 눈은 노각의 좌우 모퉁이에 있다. 등지느러미가 매우 커서 지느러미를 펼치고 가면 흡사 돛을 펼친 것 같다. 맛은 매우 좋아 회와 국과 어포로 먹기에 적합하다.

---

88 원문은 '구착口齪'인데 물고기의 입 속에 있는 까칠까칠한 가죽을 의미한다.
89 이 부분은 《산해경》 권5 〈중산경中山經〉에 나온다. 인용문은 본문과 곽박郭璞의 주석이 혼재되어 있는데, "장수는……많다" 부분이 《산해경》 본문이고 나머지는 주석의 내용이다.
90 배의 앞쪽 돛대에 여러 개의 굵은 통나무(가로목)를 가로질러 걸쳐 대고, 좌우 양편에 널빤지를 써서 집처럼 만든 시설. '귀안歸安' 또는 '이물간'이라고도 하며, 고기잡이배에서는 끌어올린 그물을 여기에 올려놓고 고기를 선별한 후 저장하는 장소로 쓰인다.

노각이란 바다를 항해하는 배의 제도에 앞 돛대가 의지하는 큰 가로목의 격자 머리로【뱃전[91] 바깥에 있다.】좌우에 모두 널빤지로 문설주를 만들어놓은 것을 귀안歸安이라 한다. 그러므로 지금 노각이라고 한 것이니, 이는 물고기의 모양이 이와 비슷하기 때문에 이름을 붙인 것이다.

○ **이청의 설명**

이 사는 두 귀가 솟아나와 있는데, 우리말에서는 귀[耳]를 '귀歸'라고 하기 때문에 '귀안'이라 한 것이다. 노각 역시 배의 두 귀다.

사치사四齒鯊

【민간에서 부르는 이름은 '단도령사丹徒令鯊'다.】

큰 것은 7~8자다. 머리는 노각사와 비슷하지만, 노각사는 평평한 널빤지 같은데 이것은 뇌 뒤쪽이 자못 볼록하여 긴 네모 모양을 하고 있다. 머리 아래는 다른 사와 같다. 좌우에 각각 이빨 두 개가 뺨 가까이에 있다. 뿌리는 풍성하고 앞을 향해 있으며 점차 줄어드는데, 모양이 반쯤 부서진 병 같고 무더기로 모여 있는 것은 마치 전복 껍데기의 등 같지만 매끄럽

---

91 배의 양쪽 가장자리 부분.

고 광택이 난다. 견고하여 돌을 부술 수 있고 전복과 소라의 껍데기를 씹을 수 있다.

성질은 매우 무디고 게을러 물에서 헤엄치던 사람이 마주치면 안고서 나올 정도이다. 쓰임은 치사와 같고 맛은 제법 쓰다.

은사銀鯊

【민간에서 부르는 이름을 그대로 따른다.】

큰 것은 5~6자다. 자질이 약해 힘이 없다. 색은 은처럼 희고 비늘이 없다. 몸통은 좁고 높으며, 눈은 크고 뺨 곁에 있다.【다른 사어의 눈은 뇌 옆에 있다.】 수비酥鼻가 입 바깥으로 4~5치 나와 있고, 입은 그 아래에 있다.【'부드러운 코[酥鼻]'란 머리가 끝나는 곳에 따로 나온 살덩이인데 앞을 향하여 작아지면서 뾰족해진다. 부드러운 것이 마치 치즈[92] 같아서 붙은 이름이다.】 지느러미는 살지고 부채처럼 넓적하며, 꼬리는 올챙이 같다.

쓰임은 다른 사와 같은데 회가 특히 맛있다. 지느러미를 말려서 불로 따뜻하게 하여 붙이면 유종乳腫[93]을 치료할 수 있다.

---

92 원문은 '수酥'인데, 소나 양의 젖을 끓여 만든 동아시아식 치즈를 가리킨다.
93 젖이 곪아 생기는 종기. 유옹乳癰, 젖멍울이라고도 한다.

도미사刀尾鯊

【민간에서 부르는 이름은 '환도사環刀鯊'다.】

큰 것은 1길 남짓 된다. 몸통은 둥글어 동과冬瓜[94]와 비슷하다. 몸통의 끄트머리 꼬리는 마치 길짐승 꼬리처럼 이어져 있고 원래 몸체만큼 큰데, 넓고 곧으며 끝으로 갈수록 위로 올라가며 좁아지고, 끄트머리는 마치 굽은 칼처럼 휘어 있다. 날카롭기는 서슬 같고 강철보다 견고하여 휘둘러 공격하여 다른 물고기를 잡아먹는다.

맛은 매우 싱겁다.

극치사戟齒鯊

【민간에서 부르는 이름은 '세량사世兩鯊'다.】

큰 것은 2~3길이다. 모양은 죽사와 비슷한데, 다만 검은 점이 없다. 색깔은 재와 같은데 조금 희다. 입술부터 턱에 이르기까지 이빨이 네 겹으로 나 있어 빽빽하기가 마치 창끝이 서 있는 것 같다.

성질은 매우 느리고 게으르기 때문에 사람이 낚시로 잡아 올릴 수 있다. 어떤 사람은 그것이 이빨을 매우 아끼기 때문에 낚싯줄에 이빨이 걸리면 따라 끌려나온다고 하지만 전혀

---

[94] 박과의 한해살이 덩굴성 식물로 '동아'라고도 한다. 호박고- 비슷한 긴 타원형 열매가 열리는데 씨와 함께 약으로 쓰인다.

그렇지 않고, (낚시가) 살을 가르고 뼈에 이르러도 놀라지 않고 움직이지도 않는다. 만약 그 눈과 뼈에 닿으면 용기를 발휘하여 튀어 오르니 사람이 감히 가까이할 수도 없다.

가죽과 살은 눈처럼 흰데, 혹 어포를 만들거나 혹 저며도 여전히 그렇다. 계종瘈瘲[95](에 효과가 있다.)[96] 맛은 매우 싱겁고 간에는 기름이 없다.

철갑장군鐵甲將軍

크기는 몇 길이다. 생김새는 '대면'과 비슷한데 비늘이 손바닥 정도로 크고 단단하여 마치 강철과 같다. 그것을 두드리면 쇳소리가 난다. 오색五色 빛깔이 뒤섞여 무늬를 이루고 있으며 매우 선명하고, 얼음이나 옥처럼 매끄럽다.

맛 또한 좋아서 섬사람이 일찍이[97] 한 번 잡은 적이 있다.

---

95 경풍驚風, 즉 주로 어린이가 갑작스레 경련을 일으키는 증상. '경기驚氣를 일으킨다'고 할 때의 '경기'와 같은 말이다.
96 원문에는 '계종' 두 글자만 제시되어 있는데 문맥을 고려하여 '계종에 효과가 있다'라고 의역했다.
97 국립중앙도서관 소장본에는 '당當'으로 되어 있는데 문맥상 어울리지 않아 규장각 소장본에 근거하여 '상嘗'으로 고쳤다.

기미사箕尾鯊

【민간에서 부르는 이름은 '내안사耐安鯊'다. 또한 '돈소아豚蘇兒'라고도 부른다.】

큰 것은 5~6길이다. 생김새는 다른 사와 같은데 몸통이 완전히 검은색이다. 지느러미와 꼬리는 키[98]처럼 크다. 바다의 사 중에서도 가장 큰 것이다. 큰 바다에 사는데 하늘에 비가 내리려고 하면 떼 지어 나와 고래처럼 물줄기를 뿜어대니 배들이 감히 접근할 수 없다.【원편原編에는 빠져 있던 것을 이제 보충하였다.】

○ **이청의 설명**

《사기》〈진시황본기秦始皇本紀〉에서 "방사方士[99] 서불徐市[100] 등이 바다에 들어가 신선이 되는 약을 몇 년 동안 찾았으나 얻지 못하자, 이에 거짓으로 말하기를 '봉래蓬萊[10']에서 약을 얻을 수 있었으나 항상 대교어大鮫魚에게 고초를 당하여서 그렇게 하지 못했습니다'라고 했다"라고 하였고, 《조수고鳥獸

---

98 곡식을 까불러 쭉정이나 티끌을 골라내는 도구.
99 신선술神仙術을 연마하여 불로장생을 추구하는 사람.
100 중국 고대 진秦나라 때의 방사方士로, 서복徐福이라고도 한다. 진시황의 명을 받아 어린 남녀 수천 명을 비롯한 수많은 일행을 이끌고 불로초(먹으면 늙지 않는다는 상상의 약초)를 구하러 갔다가 돌아오지 않았다고 전해진다.
101 중국의 고대 전설에 등장하는 신선들의 산 이름. 봉래산蓬萊山.

考》[102]에서는 "해사海鯊 중에서 호두사虎頭鯊가 몸통이 검은데 큰 것은 2백 근이 나간다. 항상 봄 그믐에 바닷가 산기슭을 오르며 열흘 만에 호랑이로 변한다"라고 하였으니, 모두 지금의 기미사를 말하는 것이다. 다만 호랑이로 변한다는 이야기는 실제로 보거나 듣지 못했다. 《술이기述異記》[103]에서는 "어호魚虎는 늙으면 변화하여 교鮫가 된다"라고 하고, 이시진은 또 "녹사鹿沙는 사슴으로 변할 수 있고 호사虎沙는 호랑이나 물고기가 변한 것이다"[104]라고 하였으니, 사물은 참으로 서로 변하는 일이 있다는 것인데 분명하지는 않다.

금린사錦鱗鯊

【민간에서 부르는 이름은 '총절립悤折立'이다.】

길이는 1길 반이다. 생김새는 다른 사와 같은데 몸통이 조금 좁다. 윗입술에 수염 두 가닥이 있고 아랫입술에 수염 한 가닥

---

102 중국 명나라 때 신무관愼懋官이 고금의 동식물 등에 대한 다양한 정보를 수집하여 쓴 《화이화목조수진완고華夷花木鳥獸珍玩考》 중에서 새와 길짐승에 대해 설명한 부분을 가리키는 말로, 해당 인용문은 권10 〈속고續考〉에 나온다.

103 중국 양梁나라 때 임방任昉(460~508)이 중국 고대의 지리와 동식물 등에 대한 기이한 이야기를 모은 책으로, 현전본은 2권으로 이루어져 있다. 해당 인용문은 현전 《술이기》에는 보이지 않는데, 이 책의 문헌 인용 경향에 비추어 보았을 때 《강희자전》 권35의 '교鮫' 자에 대한 설명 부분에서 해당 내용을 인용한 것으로 판단된다.

104 이 내용은 《본초강목》 권44의 〈교어鮫魚〉 조목에 나온다. 다만 《본초강목》에는 '호사虎沙'가 '호사胡沙'로 되어 있다.

이 있는데 그것을 들어보면 축 늘어진다. 비늘[105]은 크기가 손바닥만 하고 집의 기와처럼 층이 져 있는데 매우 현란하다.

고기는 부드럽고 맛이 좋으며 학질瘧疾을 치료할 수 있다. 때때로 그물에 걸린다.【역시 지금 보충하였다.】

---

105 국립중앙도서관 소장본에는 '선鮮'으로 되어 있는데 문맥상 어울리지 않아 규장각 소장본에 근거하여 '린鱗'으로 고쳤다.

검어黔魚

검어黔魚

【민간에서 부르는 이름은 '검처귀黔處歸'다.】

생김새는 강항어强項魚와 비슷하다. 큰 것은 3자 정도다. 머리와 입과 눈이 모두 크며, 몸통은 둥글고 비늘은 자잘하다. 등은 검고 지느러미는 매우 단단하다.

맛은 노어鱸魚와 비슷하고 가죽과 고기는 조금 단단하다. 춘하추동 사시에 모두 있다.

○조금 작은 것【민간에서 부르는 이름은 '등덕어登德魚'다.】은 빛깔이 검으면서 붉은색을 띤다. 맛은 검어보다 싱겁다.

○더 작은 것【민간에서 부르는 이름은 '웅자어應者魚'다.】은 빛깔이 자흑색이다. 맛은 싱겁다. 항상 돌 틈에 살며 멀리 나가지 않는다. 무릇 검어 종류의 물고기는 모두 돌 틈에 있다.

박순어薄脣魚

【민간에서 부르는 이름은 '발락어發落魚'다.】

생김새는 검어와 비슷하고 크기는 추어䠓魚【석수어石首魚다.】와 같다. 빛깔은 청흑색이고 입은 작고 입술과 아가미는 매우 얇다.

맛은 검어와 같다. 낮에는 큰 바다를 헤엄쳐 다니고 밤에는 돌 틈으로 돌아온다.

적박순어赤薄脣魚
【민간에서 부르는 이름은 '맹춘어孟春魚'다.】
박순어와 같은데 붉은색인 것만 다르다.

정어䟴魚
【민간에서 부르는 이름은 '북저귀北諸歸'다.】
생김새는 검어와 비슷한데 눈이 더욱 크고 돌출되어 있다. 빛깔은 붉은색이다.
맛은 검어와 비슷한데 싱겁다.

조사어釣絲魚
【민간에서 부르는 이름은 '아구어餓口魚'다.】
큰 것은 2자 정도다. 생김새는 올챙이와 비슷한데 입이 매우 크고 입을 벌리면 남는 곳이 없게 된다. 빛깔은 붉은색이다. 입술과 머리에 낚싯대 두 개가 있는데 크기가 의원의 침만 하여 길이가 4~5치다. 그 머리에는 낚싯줄이 있어 크기가 말꼬리만 하다. 낚싯줄 끝에 밥풀 같은 흰 미끼가 달려 있어, 그 미끼를 놀리면 다른 물고기들은 먹이라고 생각하여 가까이 오는데, 그러면 낚아채어 먹는다.

석어鼫魚

【민간에서 부르는 이름은 '손치어遜峙魚'[106]다.】

생김새는 작은 검어와 비슷하고 크기 역시 그와 같다. 등지느러미에는 심한 독이 있어서 화를 내면 고슴도치처럼 되며 가까이 가면 쏜다. 사람이 혹 쏘이면 통증을 참을 수 없다. 솔잎을 달여 쏘인 곳을 담그면 신기하게 효험이 있다.

---

[106] 국립중앙도서관 소장본에는 '손시어遜時魚'로 되어 있는데 규장각 소장본 등을 참조하여 고쳤다.

접어鰈魚

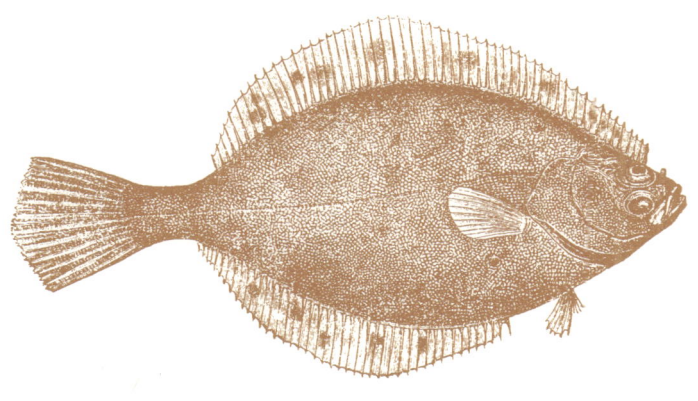

접어鰈魚

【민간에서 부르는 이름은 '광어廣魚'다.】

큰 것은 길이가 4~5자고 너비가 2자 정도다. 몸통은 넓고 얇으며, 두 눈은 왼편에 치우쳤고, 입은 세로로 갈라졌으며, 꽁무니는 입 아래에 있다. 장腸은 마치 지갑처럼 두 개의 방이 있고 알에는 난포卵胞[107]가 두 개 있다. 가슴에서 척추뼈 사이를 지나 꼬리에 이르기까지 등은 검고 배는 희다. 비늘은 매우

---

107 알세포를 둘러싼 주머니. 알집 안에 있다.

자잘하다.

맛은 달고 진하다.

○ 이청의 설명

우리나라를 접역鰈域[108]이라고 하는데, '접'이란 우리나라의 물고기다. 《후한서後漢書》[109] 〈변양전邊讓傳〉의 주석에서 "비목어比目魚는 일명 접鰈이라고도 하는데 지금 강동江東에서는 판어板魚라고 부른다"라고 하였고, 《이물지》에서는 "일명 약엽어箬葉魚라고도 하며, 민간에서 부르는 이름은 혜저어鞋底魚다"라고 하였으며, 《임해지》에서는 '비사어婢屣魚'라고 하고 《풍토기》에서는 '노교어奴屩魚'라고 하였다.[110] 대개 이 물고기는 단지 한쪽만 있어 그 형태의 유사함 때문에 이렇게 여러 가지 명칭이 있는 것이다.

그런데 지금 우리나라 바다에서 나는 이 '접어'의 크고 작은 여러 종은 민간에서 부르는 이름이 각기 다르지만 모두 한 마리가 홀로 다니면서 암컷과 수컷이 있다. 두 눈은 한쪽으로

---

108 가자미와 어류가 우리나라에서 난다고 하여 '접역'이라 불렸다고 한다.
109 중국 후한後漢시대의 역사를 서술한 정사正史 역사서로, 범엽范曄(398~445)이 편찬하고 당唐 고종의 여섯째 아들인 장회태자章懷太子 이현李賢(654~684)이 주석을 달았다. 본기 10권, 열전 80권, 지 30권 등 120권으로 이루어져 있다. 인용 내용은 《후한서》권80 〈문원열전文苑列傳〉에 수록되어 있다.
110 이상의 내용은 《강희자전》권35의 '접鰈'에 대한 풀이를 인용한 것이다.

치우쳐 하나처럼 붙어 있고, 입은 세로로 갈라져 있다. 언뜻 보면 비록 몸통 하나로는 다니기 어려울 것 같지만 실제로 보면 두 마리[111]가 서로 나란히 다니지 않는다.

○ **이청의 추가 설명**[112]

《이아爾雅》에서 "동방에 비목어가 있어 나란하지 않으면 다니지 못한다. 그 이름은 '접'이다"라고 하였고, 곽박의 주석에서는 "생김새는 소의 비장脾臟과 같은데 비늘은 가늘고 자흑색이며 눈은 하나고 두 마리가 서로 붙어야만 다닐 수 있다. 지금 물속에 살고 있다"라고 하였다. 좌사의 〈오도부〉에서는 "보쌈[113]으로 두 마리 개鰊를 잡으며"라고 하고서, 주석에서는 "좌우로 눈 하나씩 있는 '개'가 바로 비목어다"라고 하였다. 사마상여司馬相如[114]의 〈상림부上林賦〉에서는 "우우禺禺와

---

111 원문은 '편片'인데, 여기에서는 옛날 사람들이 접어류는 눈이 하나뿐이어서 두 마리가 짝을 지어야 다닐 수 있다고 생각했음을 설명하기 때문에 '마리'라고 번역했다.

112 원문에는 별도의 권점(○)이 없지만 '안案'이 있어 권점을 붙여 단락을 나누었다.

113 물고기를 잡는 도구. 양푼만 한 그릇에 먹이를 넣고 물고기가 들어갈 정도의 구멍을 뚫은 다음 보로 싸서 물속에 가라앉혔다가 나중에 그 구멍으로 들어간 물고기를 잡는다.

114 사마상여(B.C.179~B.C.117)는 중국 전한前漢 때의 문인으로 자는 장경長卿이다. 특히 사부辭賦에 능했다. 황제의 수렵 장면을 묘사한 〈자허부子虛賦〉와 그 자매편으로 본문에 인용된 〈상림부〉가 특히 유명하다.

허鱸와 납魶"[115]이라고 하고서, 주석에서 "허는 '거鮀'로도 되어 있으니, 비목어다. 생김새는 소의 비장과 비슷하고 두 마리가 서로 붙어야만 다닐 수 있다"라고 하였다.

이시진이 말하기를 "'비比'는 나란하다는 뜻이다. 물고기가 각기 눈이 하나씩 있어 서로 나란히 다닌다"라고 하였다. 단씨段氏의 《북호록北戶錄》[116]에서는 '겸鰜'이라 하였는데, '겸'은 '겸兼'이다.[117] 또 "두 마리가 서로 붙는데, 그 붙는 반쪽 가장자리는 평평하여 비늘이 없다"라고 하였다.

무릇 이는 모두 '접'의 모습을 보지 않고 생각으로 말한 것이다. 지금 접어는 분명히 한 마리에 눈이 두 개 있고, 분명히 한 마리가 혼자 다닌다. 아래가 배고 위가 등이며 혼자서 완전한 개체를 이루지 서로 붙어서 다니지 않는다. 이시진 역시 그대로 따라서 부연하기를 "붙는 반쪽 가장자리는 평평하고 비늘이 없다"라고 하여 마치 눈으로 본 사람이 있는 것처럼 하였지만 사실은 눈으로 본 것이 아니었다. 《회계지會稽志》[118]

---

115 모두 물고기의 명칭으로, 태호太湖에서 다양한 동물들이 힘차게 노니는 모습을 묘사하는 장면에서 등장한다.

116 중국 당나라 때의 학자인 단공로段公路(생몰년 미상)이고, 《북호록》은 당나라 때 영남嶺南 지역의 풍토록風土錄으로 3권으로 이루어져 있다.

117 《북호록》의 해당 내용을 살펴보면 이는 뜻을 풀이한 것이 아니라 '겸鰜' 자의 음音을 설명한 것이다.

118 중국 송나라 때의 문인 시숙施宿(1164~1222) 등이 지은 《가태회계지嘉泰会稽志》 20권을 가리킨다. 남송시대 소흥부紹興府(지금의 저장성 샤오싱)의 지리와

에서는 "월越나라 왕이 물고기를 먹다가 다 먹지 못하여 절반을 버렸더니, 물속에서 물고기로 변화하였는데 마침내 얼굴 한쪽이 없기에 '반면어半面魚'라고 이름을 붙였다"[119]라고 하였으니 이것이 바로 접이다. 반쪽 면으로 혼자 다니고 서로 붙어 다니지 않는다.

곽박은 《이아주爾雅注》[120]에서 접을 '왕여어王餘魚'라 하였고,[121] 또 《이어찬異魚贊》[122]에서는 "비목어의 비늘은 따로 '왕여'라고 부른다. 비록 두 마리지만 사실상 한 마리다"라고 하였는데, 왕여어는 곧 '회잔어鱠殘魚'[123]지 '접어'가 아니다. 곽박이 잘못 말한 것이다.【《정자통》에는 "비목어를 '판어版魚'라고 하는데 민간에서는 '반飯'으로 고쳤다"라고 하였다.】[124]

역사, 문물 등을 정리한 책이다.

119 이 부분의 내용은 현전 《회계지》에는 보이지 않고, 다만 《운부군옥韻府郡玉》, 《패문운부佩文韻府》 등 일부 운서류韻書類에 그대로 보인다.

120 진나라 곽박이 기존의 주석을 집대성하여 편찬한 《이아》의 주석서.

121 《이아주소》 권6 〈석지제구釋地第九〉 편에 나오는 내용이다.

122 중국 명明나라 때 문인 양신楊愼(1488~1559)이 편찬한 《이어도찬異魚圖贊》을 가리키는데, 다양한 물고기들에 대해 찬贊 형식으로 설명한 책이다. 따라서 "그의[其] 《이어찬》"이라고 한 것은 이청의 오류다. 본문에 인용된 곽박의 찬은 양신의 원저에는 보이지 않고, 청淸나라 때 증보한 《이어도찬전異魚圖贊箋》에 보인다. 다만 이청이 《이어도찬전》을 직접 참조한 것으로는 보이지 않고 앞서의 경우와 마찬가지로 《패문운부》에서 재인용한 것으로 생각된다.

123 바로 앞에 나온 '반면어'를 남긴 회가 물고기가 된 것이라 하여 '회잔어'라 한 것으로 생각된다.

124 이 부분은 《강희자전》 권35의 '반飯' 자에 대한 풀이를 인용한 것이다.

소접小鰈

【민간에서 부르는 이름은 '가잠어加簪魚'다.】

큰 것은 2자 정도다. 생김새는 광어와 비슷한데 몸통이 더욱 넓적하고 더 두껍다. 등에는 어지럽게 점이 있는데 또한 점이 없는 것도 있다.

○ **이청의 설명**

《역어유해》에서는 이것을 '경자어鏡子魚'라고 하였다.

장접長鰈

【민간에서 부르는 이름은 '혜대어鞵帶魚'다.】

몸통은 더욱 길고 좁다. 맛은 매우 진하다.

○ **이청의 설명**

이것의 모양은 신발 바닥과 매우 비슷하다.

전접羶鰈

【민간에서 부르는 이름은 '돌장어突長魚'다.】

큰 것은 3자 정도다. 몸통은 장접과 같고 등에 검은 점이 있다. 맛은 꽤 비리다.

수접瘦鰈

【민간에서 부르는 이름은 '해풍대海風帶'다.】
몸통이 마르고 얇으며 등에는 검은 점이 있다.

○ **이청의 설명**

이상의 여러 접들은 모두 국을 끓여 먹거나 구워 먹기에 적합하지만, 어포로 먹으면 맛이 좋지 않다. 모두 동해에서 나는 좋은 것만 못하다.

우설접牛舌鰈

【민간에서 부르는 이름을 따랐다.】
크기는 손바닥 정도고 길이는 우설과 매우 비슷하다.

금미접金尾鰈

【민간에서 부르는 이름은 '투수매套袖梅'다.】
소접과 비슷한데 꼬리 위에 금비늘 한 덩어리가 있다.

박접薄鰈

【민간에서 부르는 이름은 '박대어朴帶魚'다.】
우설접과 비슷한데 더욱 작고 종잇장처럼 얇다. 연달아 엮어서 말린다.【이상 세 종은 모두 이제 보충하였다.】

소구어 小口魚

소구어 小口魚
【민간에서 부르는 이름은 '망치어望峙魚'다.】
큰 것은 1자 정도다. 생김새는 강항어와 비슷한데 높이[125]가 더욱 높다. 입은 작고 빛깔은 흰색이다. 태생胎生을 한다.
가죽과 고기는 부드러우며 맛은 달다.

도어 魛魚
【민간에서 부르는 이름은 '위어葦魚'다.】
크기는 1자 남짓이다. 소어蘇魚와 비슷한데 꼬리가 매우 길다. 빛깔은 흰색이다. 맛은 매우 달고 진하여 회 중에서도 상품上品이다.

○ **이청의 설명**

지금 위어는 강에서 나고 소어는 바다에서 나는데, 같은 종류로 곧 도어다. 《이아》〈석어〉 편에서 '열멸도鮤鱴刀'라고 한 데 대한 곽박의 주석에서 "지금의 제어鱭魚다. 또한 도어라고

---
[125] 원문은 '고高'인데 물고기의 체고體高(몸높이)를 가리키는 말이다.

도 부른다"라고 하였다. 《본초강목》에서는 "제어鯖魚는 일명 제어鱭魚라고도 하고, 일명 열어鮤魚라고도 하고, 일명 멸도鱴刀라고도 하고, 일명 도어라고도 하고, 일명 수어鱴魚라고도 한다. 《위무식제魏武食制》[126]에서는 망어䱡魚라고 하였다"[127]라고 하였다. 형병邢昺[128]은 "구강九江[129]에 산다"[130]라고 하였다.

이시진은 이렇게 말했다. "제어는 강과 호수에 살며 항상 3월에 처음 나온다. 생김새는 좁으면서 길고 얇아 마치 깎아 놓은 나무 조각 같고, 또한 뾰족한 칼 모양처럼 길고 얇다. 자잘한 비늘은 흰색이다. 살 속에 잔가시가 많다. 《회남자淮南子》[131]에서는 '제어鱭魚는 마시지만 먹지 않는다'라고 하였다. 《이물지》에서는 '수어鱴魚는 초여름에 바다에서 강으로 거슬러 올라간다. 길이는 1자 남짓이고 배 아래는 칼과 같다. 이는 수조鱴鳥가 변한 것이다'라고 하였다."

이에 근거한다면 '위어'는 바로 '도어'와 '제어'임을 알 수

---

126 중국 삼국시대 위魏나라의 조조曹操(155~220)가 지었다고 하나 현전하지 않으며, 여러 문헌들을 살펴보면 수당隋唐시대를 즈음하여 조조에 가탁假託하여 만들어진 것으로 생각된다. 일부 문장이 여러 유서類書 등에 전할 뿐이다.

127 이 내용은 《본초강목》권44 '제어' 항목에 나온다.

128 형병(932~1010)은 중국 송나라 때 국자박사國子博士, 예부상서禮部尙書 등을 지낸 문인이자 경학가로, 《논어주소論語注疏》, 《이아주소爾雅注疏》 등을 편찬했다.

129 장시江西성의 지명으로, 지금의 주장九江시를 가리킨다.

130 《이아주소》권10에 나오는 내용이다.

131 중국 전한前漢 때 회남왕淮南王 유안劉安(B.C. 179~B.C. 122)이 편찬한 백과사전으로, 21권으로 구성되어 있다.

있다. 《역어유해》에서는 '도초어刀鞘魚'라고 하였다.

해도어 海魛魚

【민간에서 부르는 이름은 '소어蘇魚'다. 또한 '반당어倘伴魚'라고도 부른다.】

크기는 6~7치다. 몸통은 높고 얇으며 색깔은 흰색이다. 맛은 달고 진하다. 흑산도 바다에 간혹 있고, 망종芒種[132] 때 비로소 암태도巖泰島[133] 땅에서 잡힌다.

○작은 것【민간에서 부르는 이름은 '고소어古蘇魚'다.】은 크기가 3~4치다. 몸통은 조금 둥글고 두껍다.

---

132 24절기 중 9번째로, 보리가 익고 모를 심는 때다. 6월 6일 무렵이다.
133 전남 신안군 암태면에 위치한 섬. 지리적으로 목포에 가깝다.

망어蟒魚

망어蟒魚

【민간에서 부르는 이름을 따랐다.】

큰 것은 8~9자다. 몸통은 둥글고 3~4뼘[134]이다. 머리는 작고 눈도 작다.【위圍는 뼘[공拱]이다.】비늘은 매우 자잘하다. 등은 검정색인데 이무기가 검정 무늬가 있는 것과 비슷하다.【벽문어와 비슷한데 크다.】자못 용맹하고 튼튼하여 몇 길을 뛰어오를 수 있다.

맛은 시고 진하지만 모자라고 탁하다.

○ **이청의 설명**

《역어유해》에서 "발어拔魚. 일명 망어芒魚라고도 한다"라고 하였는데 바로 이것이 망어蟒魚다.《집운集韻》에서는 "위어鯛魚는 뱀과 비슷하다"라고 하였고,《옥편玉篇》[135]에서는 "야어鰢魚

---

[134] 원문은 '위圍'인데 '아름(두 팔을 둥글게 모아 만든 둘레)'의 뜻도 있지만 여기서는 '뼘(엄지손가락과 다른 손가락을 한껏 벌린 길이)'으로 보는 편이 타당하다.

[135] 중국 양梁나라 때 고야왕顧野王(519~581)이 편찬한 한자 사전으로, 부수를 기준으로 한자를 배열했다. 애초에 1만 6천여 자를 수록했으나 후대의 증보를 통해 현전본은 2만 2천여 자를 수록했다. 인용 부분은 권24에 나온다.

는 뱀과 비슷하며 길이는 1길이다"라고 하였는데, 지금의 망어의 종류와 비슷하다.

황어黃魚

【민간에서 부르는 이름은 '대사어大斯魚'다.】

큰 것은 1길 정도다. 생김새는 망어와 같은데 조금 높다. 색깔은 완전히 노란색이다. 성질이 용맹하고 튼튼하지만 포악하고 급하다. 맛은 싱겁다.

청익어 靑翼魚

청익어 靑翼魚

【민간에서 부르는 이름은 '승대어僧帶魚'다.】

큰 것은 2자 정도다. 목이 매우 크고 모두 뼈이며, 머리뼈에는 살이 없다. 몸통은 둥글고 입가에 수염 두 개가 있는데 매우 푸르다. 등은 붉은색이고 옆구리 곁에 날개지느러미가 있어 크기가 부채만 하며 말았다 폈다 할 수 있다. 색깔은 푸른색이 매우 선명하다. 맛은 달다.

회익어 灰翼魚

【민간에서 부르는 이름은 '장대어將帶魚'다.】

크기는 1자 남짓이다. 생김새는 청익어와 비슷한데 머리가 조금 얇고 길다. 그 뼈 역시 그와 같다. 색깔은 황흑색이다. 날개지느러미는 조금 작고 몸통과 같은 색깔이다.

비어飛魚

비어飛魚

【민간에서 부르는 이름은 '날치어辣峙魚'다.】

큰 것은 2자 조금 안 된다. 몸통은 둥글고 색깔은 푸르다. 날개지느러미가 있는데 새 날개와 같고 푸른색이 선명하다. 날면 그것을 펼쳐 몇십 걸음까지 도달한다. 맛은 매우 싱겁고 부족하다.

망종 때 해안가에 모여들어 알을 낳는데, 어부들이 화톳불을 피우고 쇠작살로 잡는다. 단지 홍의紅衣**136**와 가가도可佳

---

136 지금의 전라남도 신안군의 옛 이름.

島**137**에서만 나는데 흑산도에서는 간간이 잡힌다.

○ **이청의 설명**

비어는 생김새는 가치어假鯔魚와 유사한데 지느러미가 날개처럼 크기 때문에 날 수 있다. 그 성질은 밝은 곳을 좋아하여 어부들이 밤을 틈타 그물을 설치하고 화톳불을 피우면 물고기들이 이에 무리지어 날아와 그물에 걸린다. 혹 사람에게 곤란을 당하면 날아서 벌판에 떨어지는데, 이것이 바로 문요어文鰩魚다.

《산해경》에서는 "관수觀水가 서쪽으로 흘러 사막으로 흘러 들어가는데 그 가운데 문요어가 많다. 생김새는 이어鯉魚와 같으며 물고기의 몸에 새의 날개, 푸른 무늬와 흰 머리, 붉은 주둥이를 지녔다. 밤에 날아다니는데 그 소리가 마치 난계鸞鷄**138**와 같다"**139**라고 하였다. 《여씨춘추》에서는 "관수蘿水의 물고기 이름이 '요'인데 그 생김새는 마치 잉어 같은데 날

---

137 지금의 전라남도 신안군에 속해 있는 가거도可居島의 옛 이름.
138 《산해경》 해당 부분의 주석에서 "'난계'는 새 이름인데 미상이다"라고 하였다. 혹 난새(봉황鳳凰의 일종으로, 모양은 닭과 비슷하며 깃털은 붉은색에 오색이 섞여 있고, 소리는 오음五音을 낸다고 함)를 지칭하는 것으로 추정된다.
139 이 내용은 《산해경》 권2 〈서산경西山經〉 편에 나온다. 다만 해당 내용을 이청은 《강희자전》에서 인용했으므로 첨삭된 내용이 있다.

개가 있어서 항상 서쪽 바다에서 동쪽 바다로 날아간다"[140]라고 하였다. 《신이경神異經》[141]에서는 "동남쪽 바다에 온호溫湖가 있는데 그 안에 요어가 있다. 길이는 8자다"라고 하였다. 좌사의 〈오도부〉에서는 "문요文鰩가 밤에 날다가 그물에 걸리네"라고 하였다. 《임읍기林邑記》[142]에서는 "비어는 몸통이 둥글고 큰 것은 1길 남짓이며 매미 같은 날개가 있다. 떼 지어 날며 바닷속을 드나드는데, 바다를 가릴 듯 날개를 놀리다가 가라앉으면 바다 바닥을 헤엄친다"라고 하였다. 《명일통지明一統志》[143]에서는 "섬서陝西 호현鄠縣[144]의 노수澇水[145]에 비어가 나는데 생김새는 부鮒와 같고 그것을 먹으면 치질을 그치게 한다"라고 하였다. 이러한 여러 설에 근거해 보면, 동, 서, 남

---

140 이 내용은 《여씨춘추》 권14 〈효행람제이孝行覽第二〉 편에 보인다. 다만 해당 내용을 이청은 《강희자전》에서 인용했으므로 첨삭된 내용이 있다.

141 중국 고대의 지리서로, 중국의 기이한 동식물과 신기한 전설 등을 주로 기록했다. 동방삭東方朔이 편찬했다고 알려져 있으나 사실이 아니며, 문체 측면에서 《산해경》을 모방한 흔적이 많이 보인다.

142 베트남 중남부에 있었던 옛 국가 '임읍'의 지리지. 원 명칭은 《임읍국기林邑國記》다. 《수서隋書》 〈경적지經籍志〉, 《당서唐書》 〈경적지〉에 모두 저록著錄되어 있었으나 그 이후로는 기록이 보이지 않아 당나라 때 이후로 실전된 것으로 보인다. 각종 백과사전류 저술에 일부 내용이 남아 있다.

143 중국 명明나라 때 편찬된 지리총지地理總志로, 90권으로 이루어져 있다. 중국 전역 및 주변 국가에 대한 다양한 내용이 수록되어 있다.

144 지금의 산시【陝西】성 시안【西安】시 후이【鄠邑】구의 옛 이름.

145 지금의 산시성을 흐르는 강의 이름으로, 이른바 관중팔천關中八川 중 하나다.

세 방향에 모두 '문요'가 있다. 그러므로 고황顧況[146]의 〈송종형사신라送從兄使新羅〉라는 시에서 이렇게 읊었다.

남명南溟[147]에 거대한 날개 드리우고　　남명수대익南溟垂大翼
서쪽 바다에서 문요를 마시네　　　　　서해음문요西海飲文鰩

또 《습유기拾遺記》[148]를 보면 "신선인 영봉자甯封子가 비어를 먹고 죽었다가 200년 만에 다시 살아났다"라고 하였고, 《유양잡조酉陽雜俎》[149]에서는 "낭산郎山의 낭수浪水에 물고기가 있는데 길이는 1자고 날 수 있다. 날면 구름 뜬 하늘을 능가하고 쉴 때는 물 바닥으로 돌아온다"라고 하였는데, 말이 비록 기이하기는 하지만 '비어'라고 한 것이 분명 문요일 것이다.

또 《산해경》에서는 "동수桐水에 활어鰭魚가 많은데 그 생김

146　고황(725?~814?)은 중국 당나라 때 관료이자 시인으로 자는 포옹逋翁이다. 질박하고 평이한 시를 써 두보의 현실주의 전통을 계승했다고 평가받는다. 문집 《화양집華陽集》이 전한다.

147　중국 전설에 등장하는 남쪽의 큰 바다. 《장자莊子》에서는 여기에 곤鯤이라는 거대한 물고기가 살며 물고기가 붕鵬이라는 거대한 새로 변화하며, 붕의 날개는 몇천 리나 된다고 했다.

148　중국 동진東晉 때 문인이자 방사方士인 왕가王嘉(?~390)가 지은 책으로, 중국 고대의 다양한 전설들을 모았다. 10권 220편으로 이루어져 있다고 하나 현재는 일실되었고 일부 내용만이 남아 있다.

149　중국 당나라 때 문인 단성식段成式(803?~863)이 편찬한 책으로, 고대의 신이하고 괴이한 이야기들을 모아 엮었다. 20권으로 이루어져 있다.

새는 물고기 같고 새의 날개를 가졌다. 드나들 때 빛이 난다"
라고 하였고, 또 "효수囂水가 서쪽으로 흘러 황하로 흘러 들
어가는데 그 안에 습습鰼鰼이라는 물고기가 많다. 생김새는
까치와 같고 날개 열 개가 있다. 비늘은 깃털 끝에 있다"라고
하였으며, 또 "저산柢山에 물고기가 있는데, 생김새는 소와
같고 뱀의 꼬리에 날개가 있으며 겨드랑이 아래에 깃털이 있
다. 허鯱라고 한다"라고 하였다.**150** 이러한 종류는 모두 비어
다. 그러나 《산해경》에 나오는 것들이 항상 꼭 존재하는 것
은 아니다.

---

150 이상 이청이 인용한 다양한 문헌 자료들은 《강희자전》의 여러 곳에서 인용
한 것이다.

이어耳魚

이어耳魚

【민간에서 부르는 이름은 '노남어老南魚'다.】

큰 것은 2~3자다. 몸통은 둥글고 길며, 비늘은 자잘하고 색깔은 노란색 또는 황흑색이다. 머리에는 파리 날개처럼 두 개의 귀가 달려 있다. 맛은 싱겁다. 바위 사이에 엎드려 산다.

서어鼠魚

【민간에서 부르는 이름은 '주로남走老南'이다.】

생김새는 이어의 종류인데 머리가 조금 뾰족하고 좁아진다. 색깔은 적흑색이 서로 얼룩무늬를 이루고 있다. 머리에도 역시 귀가 있다. 살은 푸른색이고 맛은 매우 싱거운데 비린내가 특히 심하다. 무릇 물고기들은 모두 봄에 알을 낳는데, 이어만은 가을에 알을 낳는다.

전어 箭魚

전어 箭魚

【민간에서 부르는 이름을 따랐다.】

큰 것은 1자 정도다. 몸통은 높고 좁으며 색깔은 청흑색이다. 기름이 많다. 맛은 달고 진하다. 흑산도에서도 간혹 있기는 하지만 육지 가까이에서 나는 것만 못하다.

편어扁魚

편어扁魚

【민간에서 부르는 이름은 '병어甁魚'다.】

큰 것은 2자 정도다. 머리는 작고 목은 움츠러들어 있으며 꼬리는 짧다. 등은 튀어나왔고 배는 돌출되었다. 그 형상은 사방으로 나와서 길이와 높이가 대략 서로 같다. 입은 매우 작다. 색깔은 청백색이다.

맛은 달고 뼈가 부드러워 회와 구이 및 국으로 먹기에 적합하다. 흑산도에서 간혹 난다.

○ 이청의 설명

지금의 병어는 옛날의 방어魴魚가 아닌가 한다. 《시경詩經》[151]에서 "방어의 꼬리 붉어지니"라고 하였고, 《이아》〈석어〉 편에서는 "방魴은 비鯉다"라고 하고, 주석에서 "강동江東에서 방어를 '편鯿'이라 하는데, 일명 '비'라고도 한다"라고 하

---

[151] 유가 경전인 오경五經 중 하나로, 중국의 주周나라부터 춘추春秋시대까지의 시가 300여 편을 수록한 책이다.

였다. 육기陸機[152]의 《시소詩疏》[153]에서는 "방어는 넓적하고 얇으면서 살지고, 조용하면서 힘이 적으며, 비늘이 자잘하다. 물고기 중에서도 맛있는 것이다"라고 하였고, 《정자통》에서는 "방어는 머리가 작고 목은 움츠러들어 있다. 배는 넓고 등은 높으며 비늘은 자잘하다. 색깔은 청백색이다. 배 안의 지방은 매우 기름지다"라고 하였으며, 이시진이 말하기를 "배는 넓고 몸은 넓적하다. 맛은 매우 기름지고 맛있다. 성질이 흐르는 물에서 살기에 알맞다"라고 하였다. 이상의 여러 설에 근거하면 방어의 생김새는 병어와 꼭 같다. 다만 방어는 강물에서 난다. 《시경》에서는 이렇게 말했다.

| 어찌 물고기를 먹는데 | 기기식어豈其食魚 |
| 반드시 하수河水의 방어여야만 하나 | 필하지방必河之魴 |

시골 사람들 말에 "이수伊水[154]와 낙수洛水[155]의 잉어[리鯉]와

---

152 육기(261~303)는 중국 서진西晉 때 문인으로 자는 사형士衡이다. 어렸을 때부터 문장으로 명성을 얻었고 다양한 작품들을 남겼다.
153 육기가 편찬한 《모시초목조수충어소毛詩草木鳥獸蟲魚疏》를 가리키는 것으로 보인다. 《시경》에 나오는 초목과 각종 동물 등을 해설한 책으로 총 2권이다.
154 지금의 허난[河南]성 서부를 흐르는 강.
155 허난성 북부를 흐르는 강.

방어는 소나 양처럼 맛있다"라고 하고, 또 "거취居就[156]의 양식은 양수梁水의 방어다"라고 하였다. 《후한서後漢書》〈마융전馬融傳〉의 주석[157]에서는 "한중漢中[158]의 편어鯿魚가 매우 맛있는데 항상 사람들이 잡는 것을 금하여 뗏목으로 물길을 막으니, 이로 인하여 사두축항편槎頭縮項鯿이라 하였다"라고 하였다. '편'은 '방'이니, 강물의 물고기다. 지금 병어가 강물에서 난다는 것은 듣지 못하였다. 오직 《산해경》에서만 "대편大鯿은 바닷속에 산다"라고 하고서, 주석에서 "편은 곧 방어다"라고 하였다.[159] 이시진은 "큰 것은 20~30근에 이르는 것도 있다"라고 하였으니, '방'이란 역시 바다에서 나는 것이다. 그러나 지금의 병어는 큰 것을 본 적이 없으니 의심스럽다.

---

156 중국의 옛 고을 이름으로, 지금의 랴오닝【遼寧】성 랴오양【遼陽】시.

157 이청이 《강희자전》의 내용을 잘못 인용한 것으로, 해당 내용은 〈마융전〉 주석이 아니라 중국 동진東晉 때 습착치習鑿齒(?~384년)가 지은 양양군襄陽郡의 지방지 《양양기구전襄陽耆舊傳》에 나오는 내용이다. 이 책은 송대 이후로 산일되었고 일문만이 전한다.

158 지금의 산시성 서남부에 위치한 한중시를 가리킨다.

159 《산해경》 권12 〈해내북경海內北經〉에 나오는 말로, 이청은 이를 《강희자전》에서 재인용한 것으로 보인다.

추어鯫魚

추어鯫魚

【민간에서 부르는 이름은 '멸어蔑魚'다.】

몸통은 매우 작아 큰 것이 3~4치다. 색깔은 청백색이다. 6월에 처음 나오고 서리가 내리면 물러간다. 성질이 밝은 빛을 좋아하니, 밤마다 어부들이 화톳불을 피워 유인하여 움푹한 굴에 도달하면 광망匡網[160]으로 길어올린다.

국을 만들어 먹거나 젓갈을 담가 먹거나 말려 먹거나 물고기 미끼로 쓴다. 가가도에서 나는 것은 몸통이 제법 크다. 겨울에도 잡기는 하지만 모두 관동關東[161]에서 나는 좋은 것만 못하다.

---

[160] 그물의 일종인 듯하나 구체적으로 어떤 그물을 가리키는지는 확실하지 않다.
[161] 대관령 동쪽, 곧 강원도 영동 지방을 가리키는 말.

◦ **이청의 설명**

지금 멸어는 젓갈을 담그거나 말려서 여러 음식에 충당하니, 반찬거리 중에서도 싼 것이다. 《사기》〈화식전貨殖傳〉에서 "추어 1천 섬"이라 하고서 《정의正義》[162]에서는 "잡다한 작은 물고기다"라고 하였다. 《설문해자》에서 "추는 흰 물고기다"라고 하였고, 《운편韻篇》[163]에서 "추는 작은 물고기다"라고 하였다. 지금의 멸어가 바로 이것인가.

대추大鯫

【민간에서 부르는 이름은 '증얼어曾蘖魚'다.】

큰 것은 5~6치다. 색깔은 푸른색이고 몸통은 조금 길어 지금의 청어와 비슷하다. 소추小鯫보다 먼저 온다.

단추短鯫

【민간에서 부르는 이름은 '반도멸盤刀鱴'이다.】

큰 것은 3~4치다. 몸은 조금 높고 살졌으며 짧다. 색깔은 흰색이다.

---

162 《사기》주석서 중 하나인 《사기정의》를 가리키는 말르. 중국 당나라 장수절張守節이 편찬했다. 당나라 사마정司馬貞의 《사기색은史記索隱》, 송나라 배인裴駰의 《사기집해史記集解》와 함께 이른바 '삼가주三家注'르 불리는 책이다.
163 어떤 책인지 확실하지 않다. 이청이 《강희자전》을 즐겨 인용했음을 감안하면 《강희자전》의 '추' 설명에서 인용한 《유편類編》을 잘못 쓴 듯하다.

소비추酥鼻鯫

【민간에서 부르는 이름은 '공멸工蔑'이다.】

큰 것은 5~6치다. 몸통은 길고 말랐으며 머리는 작고 부드러운 코가 반 치 정도 있다. 색깔은 푸른색이다.

익추杙鯫

【민간에서 부르는 이름은 '말독멸末獨蔑'이다.】

소추小鯫와 같고 색깔 역시 같다. 머리는 풍성하지 않고 꼬리는 줄어들지 않는다. 생김새가 말뚝[杙]과 같기 때문에 이름이 붙었다.

대두어 大頭魚

대두어 大頭魚

【민간에서 부르는 이름은 '무조어无祖魚'다.】

큰 것은 2자가 안 된다. 머리는 크고 입이 크다. 몸통은 가늘며 색은 황흑색이다. 맛은 달고 진하다. 밀물과 썰물이 오가는 곳에서 노닌다. 성질이 느리고 사람을 두려워하지 않기 때문에 낚시로 잡기가 아주 쉽다. 겨울에는 뻘을 파고서 숨는다. 그 어미를 먹기 때문에 무조어라고 불리는 것 같다.[164] 흑산도에도 간혹 있지만 먹을 만큼 있지는 않다. 육지 가까이에서 나는 것이 가장 좋다.

○또 한 종류가 있어 작은 것【민간에 부르는 이름은 '덕음파德音巴'다.】이 길이 5~6치다. 머리와 몸통은 서로 대칭이다. 색깔은 혹 누런색이거나 혹 검정색이다. 바닷물 가까이 물가에 산다.

철목어 凸目魚

【민간에서 부르는 이름은 '장동어長同魚'다.】

---

[164] '무조无(無)祖'는 글자 그대로 풀이하면 '조상이 없다'는 뜻이므로 이런 추측을 한 것이다.

큰 것은 5~6치다. 생김새는 대두어와 비슷한데 색깔이 검정색이다. 눈은 불룩 튀어나왔고 물에서 헤엄을 치지 못한다. 갯벌에서 도약하여 물을 스치며 가는 것을 좋아한다.

석자어鰲刺魚

【민간에서 부르는 이름은 '수염어溞髥魚'다.】

생김새는 철목어와 비슷한데 배가 크다. 화를 내면 배가 불룩해진다. 등에는 가시가 있어 사람을 쏘면 아프다.【원편에는 빠져 있던 것을 이제 보충하였다.】

권2

- 비늘이 없는 종류〔無鱗類〕
- 껍데기가 있는 종류〔介類〕

비늘이 없는 종류〔無鱗類〕

분어 鱝魚

분어 鱝魚

【민간에서 부르는 이름은 '홍어洪魚'다.】

큰 것은 너비가 6~7자다. 암컷은 크고 수컷은 작다. 몸통은 연잎과 비슷하게 생겼고 색깔은 적흑赤黑색이다. 연한 코는 머리가 있는 위치에 있는데 몸에 붙어 있는 부분은 두툼하고 끝 부분은 뾰족하다. 입은 수비酥鼻(연한 코) 바닥 부분에 있는데 가슴과 배 사이에 곧은 모양으로 나 있다. 등의 윗부분【곧 연한 코가 몸에 붙어 있는 부분】에 코가 있고 코 뒤에 눈이 있다. 꼬리는 돼지의 꼬리처럼 생겼고 꼬리의 등성마루〔脊〕에 가시가 어지러이 나 있다.

수컷은 생식기가 두 개 있다. 생식기는 뼈이고 생김새는 구부러진 칼과 같다. 그 아랫부분에 알주머니가 있다. 양쪽 날개에 가느다란 가시가 있어서 암컷과 교미할 때면 날개의 가시로 암컷을 걸어 붙잡고 교미한다. 혹 암컷이 낚시 바늘을 물고 엎드리면 수컷이 다가가 교미하기도 해서, 낚시 바늘을 들어 올리면 함께 따라서 올라온다. 암컷은 먹는 것 때문에 죽

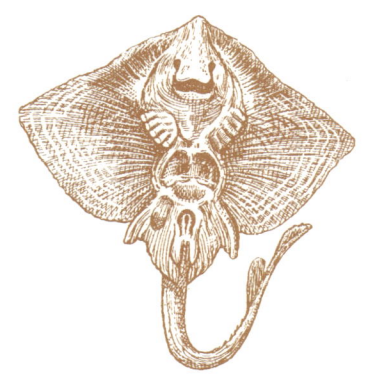 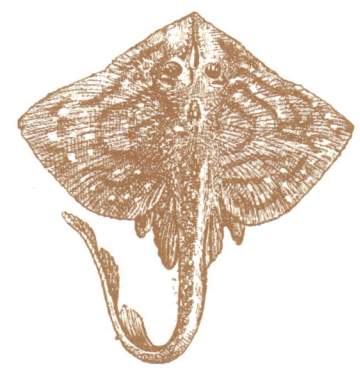

고 수컷은 음탕함 때문에 죽는 것이니 색욕色慾을 탐하는 자들에게 경계가 될 만하다.

  암컷은 산문産門 밖에 구멍이 하나 있고, 이 구멍은 안쪽으로 구멍 세 개와 통한다. 가운데 구멍은 창자와 통하고 양 옆의 두 개는 태보[胞]를 이룬다. 태보 위에 알처럼 생긴 것이 있는데 알이 사라지면 태보가 이루어져서 새끼를 낳는다. 각각의 태보 안에서 4~5마리의 새끼가 태어난다.【사어鯊魚는 산문 밖에 하나가 있고 안에 세 개가 있으니, 이와 같다.】

  동지冬至[1] 이후에 처음 잡기는 하지만 입춘立春[2]을 전후로 해서 살지고 커져서 맛이 좋다. 3~4월이 되면 몸통이 야위어

---

[1] 24절기 중 22번째로, 양력 12월 22~23일쯤이다.
[2] 24절기 중 1번째로, 봄이 시작되는 날이다. 양력 2월 4일 경이다.

져 맛이 떨어진다. 회, 구이, 국, 포로 먹기에 적당하다. 나주羅州 인근 고을 사람들은 삭힌 것을 먹기 좋아하니 사람마다 기호가 같지 않다. 가슴과 배에 종양이 생기는 병을 오래 앓고 있는 사람이 삭힌 분어를 구해서 국을 끓여 먹으면 더럽고 악한 기운을 몰아낼 수 있다. 또 술기운을 가장 잘 다스릴 수 있다. 또 뱀이 분어를 꺼리기 때문에, 분어를 씻은 비린 물을 버린 곳에는 뱀이 감히 가까이 오지 못한다. 무릇 뱀이 문 곳에 분어 껍질을 붙이면 효과가 좋다.

○ 이청의 설명

《정자통》에서 "분어는 그 형상이 커다란 연잎과 같다. 꼬리는 길고 입은 배 아래에 있으며, 눈은 이마 위에 있다. 긴 꼬리에는 마디가 있고 사람을 쏜다"고 하였다. 《본초강목》에서 "해요어海鷂魚는 소양어邵陽魚【《식감食鑑》에는 '소양少陽'으로 되어 있다.】라고도 하고, 하어荷魚라고도 하며, 분어라고도 한다. 또 포비어鯆魮魚라고도 하고, 번답어蕃蹹魚라고도 하며, 석려石蠣라고도 한다"라고 하였고, 이시진은 "생김새는 쟁반이나 연잎과 같고, 큰 것은 둘레가 7~8자 정도며, 다리와 비늘이 없다. 살 안은 모두 뼈인데 마디마디가 죽 이어져 있어서 무르고 연하여 먹을 수 있다"[3]라고 하였다. 이는 모두 지금의 홍어洪魚를 가리킨다. 《동의보감》에는 '공어鮇魚'로 적혀 있는데

'공鮬'은 물고기 새끼를 부르는 것이니(음은 '공拱'과 같다) 잘못 기록된 것 같다.

소분小鱝

【민간에서 부르는 이름은 '등급어登及魚'다.】

생김새는 분어와 유사하나 크기가 작다. 너비는 2~3자를 넘지 않는다. 연한 코가 짧고 그다지 뾰족하지는 않다. 꼬리는 가늘고 짧다. 고기는 살지고 두텁다.

수분瘦鱝

【민간에서 부르는 이름은 '간잠間簪'⁴이다.】

너비는 1~2자를 넘지 않는다. 몸통은 매우 야위고 얇다. 색깔은 누런색이고, 맛은 싱겁다.

청분靑鱝

【민간에서 부르는 이름은 '청가오靑加五'다.】

큰 것은 너비가 10여 자다. 생김새는 분어와 비슷하나 연한 코가 평평하고 넓다. 등은 푸른색이다. 꼬리는 분어에 비해 짧

---

3 《본초강목》의 내용과 이시진의 언급이 모두 《본초강목》 권44 '해요어海鷂魚' 항목에 나온다.
4 '간재미'를 가리키는 말로, 홍어의 새끼다.

고 가시가 있다. 꼬리를 5등분하면 가시는 5분의 4 되는 곳에 있다.[5] 가시에는 낚시 바늘처럼 미늘이 있는데 그것으로 다른 동물을 쏘면 안으로 들어가서 뽑아내기 어렵다. 또 맹독이 있다.【아래에 나오는 4종은 그 꼬리에 있는 가시가 모두 이와 같다.】 어떤 동물이 청분을 습격하면 꼬리를 회오리바람에 흔들리는 나뭇잎처럼 흔들어 공격을 막아낸다.

○ **이청의 설명**

《본초습유》에서 "해요어는 동해에서 난다. 이빨은 석판과 같다. 꼬리에는 맹독이 있어 다른 동물을 만나면 꼬리를 튕겨 그것을 잡아먹는다. 꼬리가 사람을 찌르면 심한 경우에는 죽기도 한다. 소변보는 곳을 살펴 그곳을 찌르면 사람의 음부가 붓고 아프게 되는데 (가시를) 뽑아버리면 곧 낫는다. 바다 사람들 중 독가시에 찔린 사람은 어호죽魚扈竹이나 해달피海獺皮로 독을 풀어낸다"[6]라고 하였다.(진장기의 말이다.) 지금 청분, 황분, 묵분, 나분 등 분어의 여러 종류는 모두 가시 달린 꼬리가 있다.

---

5 《한국어류대도감》에서 청분에 해당하는 것으로 판단되는 청달가오리의 사진을 보면, 꼬리 끝부분을 시작점으로 했을 때 꼬리 끝에서 5분의 4되는 지점에 가시가 있다. 곧 몸통에서 5분의 1되는 지점이다.

6 동일한 내용이《본초강목》권44 '해요어' 항목에 나온다.

묵분墨鱝

【민간에서 부르는 이름은 '흑가오黑加五'다.】

청분과 동일하다. 색깔이 검정색인 점이 다르다.

황분黃鱝

【민간에서 부르는 이름은 '황가오黃加五'다.】

청분과 동일하나 등이 누런색이다. 간에 기름이 가장 많다.

나분螺鱝

【민간에서 부르는 이름은 '나가오螺加五'다.】

황분과 비슷하나 이빨이 사치사四齒鯊처럼 목구멍에 있으며 돌무더기 같다. 뾰족한 돌기가 소라의 목처럼 둘러 나 있다.

응분鷹鱝

【민간에서 부르는 이름은 '매가오每加五'다.】

큰 것은 길이가 수십 길이다. 생김새는 분어와 비슷하다. 분어 종류 중에 가장 크고 힘이 세다. 용맹을 떨쳐 어깨를 올리면 날짐승을 잡는 매와 유사하다. 뱃사람들이 닻을 내리다 혹 응분의 몸을 건드리면 화가 나서 어깨를 올리는데, 어깨와 등 사이가 움푹 들어가서 골을 이룬다. 응분이 그 골에 닻과 닻줄을 지고 달려가면 배가 나는 듯이 끌려간다. 닻을 걷어

올리면 웅분이 닻에 딸려 뱃전에 올라오기 때문에 뱃사람들이 두려워서 닻줄을 끊는다.

○ **이청의 설명**

《위무식제(魏武食制)》에서 "번답어는 큰 것은 키[箕]와 같고, 꼬리의 길이는 여러 자다"라고 하였고, 이시진은 단지 "큰 것은 둘레가 7~8척이다"[7]라고만 했는데, 지금 이 웅분처럼 큰 것은 아직 아무도 본 적이 없다. 웅분이 성이 나서 꼬리에 있는 가시로 공격하면 고래도 자를 수 있다고 한다.

---

7 《식제》의 내용과 이시진의 언급이 모두《본초강목》권44 '해요어' 항목에 나온다.

해만리 海鰻鱺

해만리 海鰻鱺

【민간에서 부르는 이름은 '장어長魚'다.】

큰 것은 길이가 한 길 남짓이다. 생김새는 큰 구렁이[蟒蛇]와 비슷한데 몸통은 더 크고 길이는 짧다. 색깔은 연한 검정색[淺黑]이다. 보통 물고기들은 물에서 나오면 달아날 수 없는데 이 물고기는 유독 뱀처럼 달아날 수 있으니, 머리를 자르는 방법이 아니면 제압할 수 없다.

맛은 달고 진하며 사람에게 유익하다. 오래도록 설사를 하는 사람이 해만리를 섞어서 죽을 만들어 먹으면 설사가 그친다.

○ **이청의 설명**

일화자曰華子[8]가 말하기를 "해만리는 일명 자만리慈鰻鱺라고도 하고 구어狗魚라고도 한다. 동해에서 나는데, 만리鰻鱺와 비슷하며 더 크다"[9]라고 하였는데, 바로 이것이다.

해대리海鰻鱺

【민간에서 부르는 이름은 '붕장어䲔長魚'다.】
눈이 크고 배 안이 검정색이다.
맛이 더욱 좋다.

견아리犬牙鱺

【민간에서 부르는 이름은 '개장어介長魚'다.】
입의 길이는 돼지와 같고 이빨은 개처럼 듬성듬성 나 있으며 가시와 뼈가 매우 단단하다. 사람을 물 수 있다.

사시사철 모두 바다장어[海鱺]가 있다.【유독 한겨울에는 낚시에 걸려 올라오지 않는데 혹 석굴에서 겨울잠을 자는 것 같기도 하다.】어떤 사람은 알을 배거나 새끼를 밴다고 말하기도 하고 어떤 사람은 뱀이 변한 것이라 말하기도 한다.【본 사람이 매우

---

8 중국 당唐나라 때의 본초학자本草學者로 이름은 대명大明으로 알려져 있다. 《제가본초諸家本草》를 편찬하였다.
9 동일한 내용이 《본초강목》권44 '해만리海鰻鱺' 항목에 나온다.

많다.】그러나 이 동물은 매우 번성해서 보통 석굴 안에 몇백, 몇천 마리가 무리를 이룬다. 비록 뱀이 변한 것이 있다고 하더라도 모두 다 그런 것은 아니다. 창대가 말하기를 "예전에 바다장어[海鱺] 배 속에 꿴 구슬 같은 알이 있는 것을 보았는데 뱀의 알과 비슷하다고 태사도苔土島[10] 사람들이 말한 것을 들은 적이 있다"라고 하였는데, 알 수 없는 일이다.

○ 이청의 설명

조벽공趙辟公의《잡록雜錄》[11]에서 "만리어鰻鱺魚는 수컷만 있고 암컷은 없어서 자신의 그림자로 예어鱧魚(가물치)를 속이면 그 새끼들이 예어의 지느러미에 붙어서 산다. 때문에 만례漫鱧라고 한다"라고 하였다. 그러나 흐르는 물에서 나는 것은 그럴 것 같기도 하나, 바다에서 나는 것은 바다에 예어가 없으니 누구를 속이고 어디에 붙어 산다는 것인가? 이 또한 명확하다 할 수 없다.

---

10 지금의 흑산도 남쪽에 있는 상태도와 하태도를 가리키는 것으로 보인다. 태사도는 '苔沙島'라고도 쓴다.

11 《송사宋史》권206〈예문지藝文志〉에 "조벽공《잡설雜說》1권"이 저록되어 있는데 이 책을 가리키는 듯하다. 다만 후대에 실전된 듯 여러 문헌에 인용된 사례만을 찾을 수 있다.

해세리海細鱺

【민간에서 부르는 이름은 '대광어臺光魚'다.】

길이는 1자쯤 된다. 몸통은 손가락처럼 가늘고 머리는 손가락 끝처럼 생겼다. 색깔은 홍흑紅黑색이다. 껍질이 미끄러우며 소금기 있는 진흙 안에 숨어 산다.

포로 만들어 먹으면 맛이 더욱 좋다.

해점어 海鮎魚

해점어 海鮎魚
【민간에서 부르는 이름은 '미역어迷役魚'다.】

큰 것은 길이가 2자 남짓이다. 머리는 크고 꼬리로 갈수록 줄어든다. 눈이 작다. 등은 푸른색이고 배는 누런색이다. 수염이 없다.【민물에서 나는 것은 누런색이면서 수염이 있다.】

살이 매우 연하고 뼈 또한 부드럽지만 맛은 조금 떨어진다. 술병을 치료할 수 있다. 삭히지 않고 삶으면 고기가 모두 녹아서 풀어지기 때문에 먹는 사람은 삭기를 기다린다.

홍점 紅鮎
【민간에서 부르는 이름은 '홍달어紅達魚'다.】

큰 것은 2자가 조금 안 된다. 머리는 짧고 꼬리로 갈수록 줄어들지 않는다. 몸통은 높고 좁다. 색깔은 붉은색이다.

맛은 달고 좋다. 구이로 먹기에 적합하며 해점어보다 맛이 좋다.

포도점 葡萄鮎
【민간에서 부르는 이름을 따랐다.】

큰 것은 1자 남짓이다. 생김새는 홍점과 비슷하다. 눈이 돌출되어 있고 색깔은 검은색이다. 알은 녹두처럼 생겼고 여럿이 모여 둥글게 합쳐져 있는 모습이 마치 닭이 품은 알과 같다. 돌 사이에서 암컷과 수컷이 함께 알을 품고 누워 있으면 부화하여 새끼가 된다.

어린아이가 입에서 침을 흘릴 때 구워서 먹이면 효과가 있다.

장점長鮎

【민간에서 부르는 이름은 '골망어骨望魚'다.】

큰 것은 2자 남짓이고 몸통은 마르고 길다. 입은 조금 큰 편이다.

맛이 싱겁고 조금 떨어진다.

돈어 魨魚

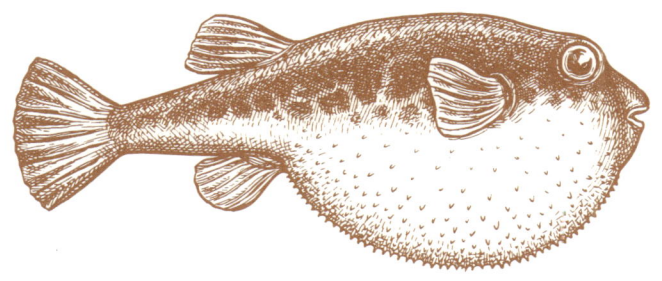

검돈黔魨

【민간에서 부르는 이름은 '검복黔服'이다.】

큰 것은 2~3자다. 몸통은 둥글고 짧다. 입이 작으며, 이빨은 나란히 나 있고 매우 단단하다. 화가 나면 배가 부풀어 오르고 이를 갈아서 으드득으드득 하는 소리를 낸다. 껍질이 단단하여 기물을 쌀 수 있다.

맛은 달고 진하다. 여러 돈어 중에 독이 적은 편이다. 푹 삶아 익혀서 기름과 섞어 먹는데, 대나무로 불을 지피고 그을음을 조심해야 한다.

○ 이청의 설명

《본초강목》에서 "하돈河豚은 일명 후이鯸鮧【'후태鯸鮐'라 쓰여 있기도 하다.】라고도 하고, 호이鯱鮧라고도 하며, 규어鯢魚【'규鮭'로 쓰여 있기도 하다.】라고도 한다. 또 진어嗔魚라고도 하고, 취두어吹肚魚라고도 하며, 기포어氣包魚라고도 한다"라고 하였고, 《마지馬志》에서는 "하돈은 장강長江, 회수淮水, 황하黃河, 바다에 모두 있다"고 하였다. 진장기가 말하기를 "배는 희고 등에는 도장 찍힌 것처럼 붉은 선이 있으며, 눈을 떴다 감았다 할 수 있다. 다른 것에 닿으면 바로 성을 내어 공처럼 부풀어 올라 떠오른다"라고 하였다. 이시진이 말하기를 "생김새는 올챙이[蝌斗]와 같다. 등은 청백색이다. 배가 살진 것을 귀하게 여겨 '서시의 유방[西施乳]'이라 한다"라고 하였다.[12]【모두 《본초강목》에 나온다.】이는 모두 돈어를 말하는 것이다.

작돈鵲魨

【민간에서 부르는 이름은 '가치복加齒服'이다.】

몸통은 조금 작고 등에는 얼룩무늬가 있다. 맹독이 있어 먹을 수 없다.

---

[12] 모두 《본초강목》 권44, '하돈河豚' 항목에 나오는 내용이다.

○ **이청의 설명**

이시진이 말하기를 "하돈 중에 옅은 검은색이며 무늬와 점이 있는 것을 반어斑魚라 하는데 독이 가장 심하다. 어떤 사람은 3월 이후에 반어가 되면 먹을 수 없다고 한다"[13]라고 하였다.【《본초강목》에 나온다.】 이는 곧 지금의 작돈을 말한다. 모든 돈어는 독이 있다. 진장기는 "바다에 사는 것은 맹독이 있고 강에서 사는 것이 그다음이다"라고 하였고, 구종석寇宗奭[14]은 "맛이 비록 매우 좋으나 손질할 때 실수한 것을 먹으면 사람을 죽인다"[15]라고 하였다. 또 돈어의 간과 알에 모두 맹독이 있어서 진장기는 말하기를 "입에 들어가면 혀가 문드러지고 배에 들어가면 창자가 문드러지는데 치료약이 없다"[16]라고 하였으니 마땅히 조심해야 한다.

활돈滑魨

【민간에서 부르는 이름은 '밀복蜜服'이다.】

몸통은 작고 색깔은 회색이며 검은색 무늬가 있다. 미끄럽다.

---

13 《본초강목》 권44, '하돈' 항목에 나오는 내용이다.
14 중국 송나라 때 약물학자로, 저서로 《본초연의本草衍義》 20권이 있다.
15 진장기와 구종석의 언급이 모두 《본초강목》 권44 '하돈' 항목에 나온다.
16 《본초강목》 권44 '하돈' 항목에 나오는 내용이다.

삽돈澁魨

【민간에서 부르는 이름은 '가칠복加七服'이다.】

색깔은 누런색이고 배에 가는 가시가 있다.

소돈小魨

【민간에서 부르는 이름은 '졸복拙服'이다.】

활돈과 비슷하나 몸통이 매우 작다. 큰 것이어도 7~8치를 넘지 않는다.

일반적으로 돈어 중에 육지 근처에서 나는 것은 곡우穀雨[17] 이후에 시내를 수십 리 거슬러 가서 알을 낳는다. 먼 바다에서 사는 것은 매번 물가에서 알을 낳는다. 혹 부레가 팽창하여 수면 위로 떠오르기도 한다.

위돈蝟魨

생김새는 돈어와 비슷하다. 온몸에 모두 가시가 나 있어서 고슴도치와 흡사하다. 창대가 말하기를 "해안가에 떠밀려온 것을 단 한 번 보았는데 크기가 1자를 넘지 않았다. 어디에 사용하는지에 대해서는 들은 적이 없다"라고 하였다.

---

[17] 24절기 중 6번째로, 4월 20일 경이다.

백돈白魨

큰 것은 1자 남짓이다. 몸통은 가늘고 길다. 색깔은 완전히 흰색이고 큰 것은 붉은색의 둥근 테가 있다. 간혹 어망에 들어오기도 한다. 또 간혹 장마로 시냇물이 불어나면 물을 따라 거슬러 올라오니 광주리를 설치해 잡는다.

오적어 烏賊魚

오적어 烏賊魚

큰 것은 지름이 1자쯤 된다. 몸통은 타원형이며 머리는 작고 둥글다. 머리 아래에 가느다란 목이 있고 목 위에 눈이 있으며 머리끝에 입이 있다. 입 둘레에 낚싯줄처럼 가는 다리가 8개 있다. 다리 길이는 2~3치를 넘지 않고 다리마다 빨판[團花](국화 같은 둥근 꽃이 마주하고 나란히 있어서 이렇게 부른다)이 있어서, 움직이고 싶으면 움직이고 물건이 있으면 움켜잡는 것이다. 다리들 사이로 특별히 끈처럼 긴 다리 두 개가 나와 있는데 길이가 1자 5치쯤 된다.

다리 끝에는 마치 말발굽같이 둥근 꽃 모양의 빨판이 있으니 달라붙기 위한 것이다. 움직일 때는 거꾸로 가는데 똑바로 갈 수도 있다. 등에는 긴 뼈가 있는데 이 역시 타원형이다. 살은 매우 연하다. 알이 안에 있다.

주머니가 있어 먹물을 담고 있는데 다른 동물이 습격하면 그 먹물을 뿜어내어 현혹시킨다. 그 먹물을 가져다 글씨를 쓰면 색이 매우 빛나고 윤기가 난다. 다만 오래 두면 벗겨지고 떨어져서 흔적이 없어지는데 바닷물에 담그면 먹물의 흔적이 다시 새롭게 나타난다고 한다.

등은 색깔이 적흑赤黑색이고 얼룩무늬가 있다. 맛은 달고 좋으며 회나 포로 먹기에 적합하다. 뼈는 상처를 아물게 하고 살과 뼈를 자라나게 할 수 있고 또한 말의 부스럼과 나귀 등의 종기를 치료하는데 이것만 한 것이 없다.

○ 이청의 설명

《본초강목》에서 "오적어는 일명 오즉烏鰂이라고도 하고, 일명 흑어黑魚라고도 하며, 일명 남어纜魚라고도 한다. 뼈는 해표초海鰾鮹라고 한다"[18]라고 하였고, 《정자통正字通》에서 "즉鰂은 일명 흑어黑魚다. 생김새는 산대주머니[算囊]와 같다"라고 하였으며, 소송이 말하기를 "형상은 가죽 주머니와 같다. 등 위에 단 하나의 뼈가 있는데 작은 배처럼 생겼다. 배 속의 피와 간은 바로 먹과 같아서 글자를 쓸 수 있다. 다만 해가 넘어가면 흔적이 사라진다. 먹을 지니고 있으며 예의를 알기 때문에 민간에서 '바다 신의 장례를 맡은 아전[海若白事小吏]'이라 부른다"라고 하였으니, 모두 오적어를 말한다. 또 진장기는 "옛날에 진왕秦王이 동쪽으로 유람할 때 바다에 산대를 버렸는데 그것이 변하여 이 물고기가 되었다. 그렇기 때문에 모양이 비슷하며 먹이 여전히 배에 남아 있다"[19]라고 하였다. 소식蘇軾

---

18 《본초강목》권44 '오적어烏賊魚' 항목에 나오는 내용이다.
19 소송과 진장기의 언급이 모두 《본초강목》권44 '오적어' 항목에 나온다.

은《어설魚說》**20**에서 "오적烏賊은 다른 동물이 자기를 엿보는 것을 두려워하여 물을 뿜어내어 자신을 가리는데, 바다 까마귀가 그것을 보고 물고기임을 알아차려서 오적을 잡아먹는다"라고 하였다. 소송이 말하기를, 도은거陶隱居**21**의 말에 "이 것은 오폭烏鸌이 변한 것이다. 지금 주둥이와 다리가 모두 남아 있어 여전히 서로 매우 비슷하다. 뱃속에 먹물이 있어 사용할 수 있으므로 '오즉'이라 부른다"라고 하였다. 또《남월지南越志》에서는 "까마귀를 좋아하는 성질을 가지고 있어서 매번 스스로 수면 위로 떠오르는데, 날아가는 새가 그것을 보고 죽은 줄 알고 쪼아 먹으려 하면 그 새를 감아채서 물속으로 들어가서 먹는다. 이 때문에 '오적'이라 하는데, 까마귀에게 해를 끼친다는 뜻이다"라고 하였다. 이시진이 말하기를 "나원羅願의《이아익爾雅翼》에서는 '9월에 가을 까마귀[寒烏]가 물에 들어가 변화하여 오적어가 되었다'라고 하였다. 글을 쓸 수 있는 먹이 있어 법칙을 세울 수 있으므로 '오즉'이라 한다. '즉鰂'은 '법칙'이라는 뜻이다"**22**라고 하였다.

이상의 여러 가지 설에 근거하면, 어떤 사람은 산대가 변한

---

20 소식이 지었다고 전하는 〈하돈어설河豚魚說〉과 〈오적어설烏賊魚說〉 중 후자다. 이 두 편을 묶어서 〈이어설二魚說〉이라고도 부른다. 그러나 소식의 문집인《동파전집東坡全集》에는 수록되어 있지 않아 그 진위가 불확실하다.

21 도은거(456~536)는 중국 남북조南北朝 때의 도사道士이자 의학자다.

22 소송과 이시진의 언급이 모두《본초강목》권44 '오적어' 항목에 나온다.

것이라 말하고, 어떤 사람은 물을 뿜어내어 까마귀에 해를 끼친다고 말하고, 어떤 사람은 죽은 척해서 까마귀를 잡아먹는다고 말하고, 어떤 사람은 '오쪽'이 변한 것이라 말하고, 어떤 사람은 가을 까마귀가 변한 것이라 말한다. 모두 실제로 본 것이 아니어서 자세히 알 수 없다.

내 생각에 오적은 '검은 놈[黑漢]'이라는 뜻으로, 속에 먹물을 품고 있기 때문에 그런 이름을 붙인 것이다. 나중에 여기에 물고기를 뜻하는 '어魚' 자를 더하여 '오적鰞鰂'이라 하였다. 사람들이 '즉鯽'이라 쓰기도 하고, '적鱡'이라 쓰기도 하며, 어떤 사람은 잘못 알고 '적鱳'이라 쓰기도 하는데, 다른 뜻이 있는 것은 아니다.

유어鮾魚

【민간에서 부르는 이름은 '고록어高祿魚'다.】

큰 것은 길이가 1자쯤 된다. 생김새는 오적어와 비슷한데 몸통은 더욱 길고 좁다. 등에 판은 없고 뼈는 있는데 뼈는 종이처럼 얇으며 이를 등마루로 삼는다. 색깔은 붉은색이고 검은색이 약간 있다. 맛은 달면서도 담박하다. 나주 북쪽에서 매우 많이 산다. 3~4월에 잡아서 젓갈을 담는다. 흑산도에도 있다.

○ 이청의 설명

《정자통》에서 "'유鰇'는 본래 '유柔'라고 썼다. 오적어와 비슷하지만 뼈가 없다. 바다에서 살며 월나라 사람들이 귀중히 여긴다"라고 하였다.【《본초강목》에서도 이렇게 말한다.】이것이 지금의 고록어다. 다만 산낭算囊이 없고 가느다란 뼈는 있으니 뼈가 전혀 없는 것은 아니다.

장어章魚

【민간에서 부르는 이름은 '문어文魚'다.】

큰 것은 길이가 7~8자다.【동북쪽 바다에서 나는 것 중에 길이가 2길 남짓이 되는 것도 있다.】머리는 둥글고 머리 아래에 마치 어깨처럼 여덟 개의 긴 다리가 나와 있다. 다리의 반쯤 되는 지점부터 아래로 국화처럼 생긴 빨판이 있다. 빨판은 두 줄로 서로 마주보고 나란히 있으니 곧 어떤 것에 붙기 위한 것이다. 만약 어떤 것에 붙으면 자신의 몸이 끊어질지언정 떨어지지 않는다. 항상 석굴에 엎드려 있는데 이동할 때는 빨판[菊蹄]을 사용한다.

여덟 개의 다리는 둥근 형태로 있으며 그 사이에 하나의 구멍이 있는데 그것이 바로 입이다. 입에는 매의 부리처럼 생긴 이빨이 두 개 있는데 매우 단단하다. 물 밖으로 나와도 죽지 않지만 이빨을 뽑으면 곧바로 죽는다. 배와 장은 오히려 머리에 있고 눈이 목에 있다. 색깔은 홍백색인데 껍질을 벗기면 눈처럼 흰색이 된다. 빨판은 정홍正紅색이다.

맛은 달고 복어鰒魚와 비슷하며, 회나 포로 먹기에 적합하다. 배 속에 무엇인가가 들어 있는데 민간에서는 '온들溫堗'이라 한다. 이것으로 종기의 뿌리[瘡根]를 제거할 수 있고, 물에 갈아서 단독[丹毒][23]이 생긴 곳에 바르면 신묘한 효과가 있다.

○ 이청의 설명

《본초강목》에서 "장어는 일명 장거어章擧魚라고도 하고, 길어佶魚라고도 한다"라고 하였다. 이시진은 "남해에서 산다. 생김새는 오적어와 비슷하면서 크고, 여덟 개의 다리를 가지고 있으며 몸 표면에 살이 있다. 한유[韓退之]가 말한 '장거와 마갑주馬甲柱가 서로 싸우니 괴이한 모습 저절로 드러나네'라고 말한 것이다"[24]라고 하였다. 모두 지금의 문어다. 또《영남지嶺南志》에는 "장화어章花魚는 조주潮州에서 난다. 여덟 개의 다리를 가지고 있고 몸에 눈처럼 흰 살이 있다"라고 나와 있고,《자휘보字彙補》에서는 "《민서閩書》에 '장어鱆魚는 일명 망조어望潮

23 단표丹熛, 화단火丹, 천화天火, 금사창金絲瘡이라고도 한다. 피부가 벌겋게 되면서 화끈 달아오르고 열이 나는 병증으로 주로 아랫다리와 얼굴에 잘 생긴다.

24 《본초강목》 권44 '장어章魚' 항목에 나오는 내용이다. 한유는 중국 당나라 때의 저명한 문인으로, 해당 인용문은 그의 시 〈초남식이원십팔협률初南食貽元十八協律〉에 나온다.

魚라고도 한다'고 나온다"라고 하였다. 이 또한 모두 이 물고기를 말하는 것이다. 우리나라에서는 팔초어八梢魚라고 부른다. 동월董越25의 《조선부朝鮮賦》에서 "물고기로는 금문錦紋, 이항飴項, 중진重脣, 팔초가 있다"라고 하였다. 저자가 작성한 주석에 "팔초는 곧 절강浙江의 '망조望潮'이며, 맛은 그리 좋지 않다. 큰 것은 길이가 4~5자다"라고 되어 있다. 《동의보감》에는 "팔초어는 맛이 달고 독이 없다. 몸에 여덟 개의 긴 다리가 있고 비늘과 뼈가 없어 사람들이 '팔대어八帶魚'라고 부른다. 동북쪽 바다에서 난다. 민간에서는 '문어'라고 한다"26라고 하였다. 바로 이것을 말한다.

---

25 동월(1430~1502)은 중국 명나라 때 문신으로, 홍치제弘治帝(명나라 제9대 황제)가 즉위했을 때 이를 알리기 위해 조선에 사신으로 온 인물이다. 당시의 경험을 엮어 《조선부》, 《조선잡지朝鮮雜志》등의 저술을 남겼다.
26 《동의보감 탕액편湯液篇》권2 어부魚部 '팔초어八梢魚' 항목에 나오는 내용이다.

석거石距

【민간에서 부르는 이름은 '낙제어絡蹄魚'다.】

큰 것은 길이가 4~5자다. 생김새는 장어와 비슷한데 다리가 더 길다. 머리는 둥글며 길다. 진흙 구멍에 들어가 있기를 좋아한다. 9~10월에 배 속에 밥알 같은 알을 품고 있는데 먹을 수 있다. 겨울에는 구멍에서 겨울잠을 자며 새끼를 낳는데 새끼가 자기 어미를 먹는다. 색깔은 흰색이고 맛은 달고 좋다. 회 또는 국과 포로 먹기에 적합하다. 사람의 원기에 도움이 된다.【야위고 비실비실한 소가 석거 4~5마리를 먹으면 갑자기 건강해진다.】

○ **이청의 설명**

소송이 말하기를 "장어와 석거 두 종류는, 오적어와 비슷하면서도 차이가 크다. 맛이 더욱 좋다"라고 하였다. 《영표록이嶺表錄異》[27]에 "석거는 몸이 작고 다리는 길며 소금을 넣고 구워서 먹으면 맛이 매우 좋다"[28]라고 기록되어 있다. 이것이 바로 지금의 낙제어다. 《동의보감》에서는 "소팔초어小八梢魚는 성질이 평이하고 맛이 달다. 민간에서는 '낙제'라고 부른다"[29]라고 하였는데, 이것이 바로 석거다. 【민간에서 '낙제어는 뱀과 교미하기 때문에 잘라서 피가 있는 것은 버리고 먹지 않는다'라고 한다. 그러나 낙제어는 자신의 몸에 알을 가지고 있으니 반드시 전부 다 뱀이 변한 것은 아니다.】

준어鱒魚

【민간에서 부르는 이름은 '죽금어竹金魚'다.】

크기가 4~5치를 넘지 않는다. 생김새는 장어와 비슷하다. 다만 다리가 짧아서 겨우 몸길이의 반 정도만 차지한다.

---

27 당나라 유순劉恂이 편찬한 책으로, 당나라 영남도의 물산物産, 민정民情 등 다양한 내용을 기록한 책이다. 3권으로 되어 있다.
28 소송의 언급과 《영표록이》의 내용이 《본초강목》권44 '장어' 항목에 나온다.
29 《동의보감 탕액편》권2 어부 '소팔초어小八梢魚' 항목에 나온다.

해돈어 海豚魚

해돈어 海豚魚
【민간에서 부르는 이름은 '상광어尙光魚'다.】

큰 것은 길이가 1길이 넘는다. 몸통은 둥글고 길다. 색깔은 흑색이다. 큰 돼지와 비슷하다. 유방과 생식기가 여성의 그곳과 비슷하다. 꼬리는 가로로 나 있다.【보통 물고기의 꼬리는 모두 배의 키 모양과 같은데 유독 이 물고기만 가로로 나 있다.】장기臟器는 개와 비슷하다. 다닐 때 반드시 무리를 지어 따라다니고 물 위로 나와 쌕쌕거리는 소리를 낸다. 기름이 많아 한 마리에서 한 동이의 기름을 얻을 수 있다. 흑산도에 가장 많은데 사람들이 잡는 방법을 알지 못한다.

○ 이청의 설명

진장기가 말하기를 "해돈은 바다에서 살고 바람과 조수에 따라 나타났다 사라졌다 한다. 생김새는 돼지와 같고 코는 머리 위에 있으며 소리를 낸다. 물을 수직으로 뿜어내며 백여 마리가 무리를 지어 산다. 몸 안에 기름이 있어서 이것의 몸속에 있는 기름으로 등불을 켜서 저포樗蒲를 비추면 저포놀이[30]를 할 만하지만 책 읽는 곳이나 작업장[工作]을 비추면 어두워서 책을 읽거나 작업하기 어려우니, 민간에서는 게으른 아낙네[懶婦]가 변해서 된 것이라 한다"라고 하였다. 이시진이 말하기를 "생김새와 크기가 수백 근 나가는 돼지와 같다. 몸의 색깔은 점어鮎魚처럼 청흑색이고, 젖꼭지가 두 개 있으며, 암수가 있어서 사람과 비슷하다. 몇 마리가 함께 헤엄쳐 다니는데, 한 번 떠올랐다가 한 번 가라앉으니 이를 배풍拜風이라 한다. 뼈가 단단하고 고기는 살지나 식용으로는 적합하지 않다. 기름이 가장 많다"[31]라고 하였다.【《본초강목》에 나온다.】

해돈어의 형상이 지금의 '상광어'가 아니겠는가? 《본초강목》에서 "해돈어는 일명 해희海狶라고도 하고, 기어曁魚라고도 하며, 참어饞魚라고도 한다. 또 부패鯆䰽라고도 한다. 강에서 사는 것을 강돈江豚이라 하는데, 일명 강저江猪라고도 하고, 수저水猪라고도 한다"[32]라고 하였고, 《옥편》에서는 "보부어鱄鯆魚는【보어鱄魚라고도 한다.】일명 강돈이라고도 하며, 하늘에서 바람이 불려고 하면 솟구쳐 오른다"라고 하였다. 지금 상광어가 물 밖으로 나와 헤엄치는 것으로 뱃사람들이 바람과 비를 점치는데, 보부어가 바로 상광어다. 또 《설문해자》에서는 "국

---

30 백제(百濟) 때에 있던 놀이의 하나. 주사위 같은 것을 나무로 만들어 던져서 그 이기고 짐을 겨루던 것으로, 윷과 비슷하다.
31 진장기와 이시진의 언급이 《본초강목》 권44 '해돈어海豚魚' 항목에 나온다.
32 《본초강목》 권44 '해돈어' 항목에 나오는 내용이다.

鮰은 물고기 이름이다. 낙랑樂浪이라는 변두리의 제후 국가에서 난다. 한편으로는 강동江東에서 난다고도 한다. 젖꼭지가 두 개 있다"라고 하였고, 《유편類篇》에서는 "국은 보鱄다"라고 하였는데 이것 또한 해돈어다. 지금 우리나라 서해와 남해에 모두 있다. 허신許愼이 "낙랑에서 나온다"라고 말하였는데 진실로 그러하다.

또 《이아》〈석어〉에서 "기䱜는 축鰌이다"라고 하고, 곽박의 주에 "기는 몸체가 심어鱏魚와 같고, 꼬리는 국어鮰魚와 같다. 배는 크고, 주둥이는 작고 날카로우며 길다. 이빨이 줄지어 났으며 위아래가 서로 맞물려 있다. 코는 이마 위에 있고 소리를 낼 수 있다. 고기는 적고 기름이 많으며, 새끼를 낳는다"라고 하였는데, 이 또한 해돈어를 말하는 것 같다.

인어 人魚

인어 人魚

【민간에서 부르는 이름은 '옥붕어玉朋魚'다.】

생긴 모양이 사람과 비슷하다.

○ **이청의 설명**

인어에 대한 설은 대개 다섯 개의 단서가 있다.

첫째, 제어鯷魚다. 《산해경》에서 "휴수休水가 북으로 흘러 낙수로 들어간다. 그 속에 제어가 많은데 생김새는 큰 원숭이 같고 발톱이 길다"라고 하였다. 《본초강목》에서는 "제어는 일명 인어라고도 하고, 해아어孩兒魚라고도 한다"라고 하였고, 이시진이 말하기를 "강과 호수에 산다. 생긴 모습과 색이 모두 점어鮎魚나 외어鮠魚와 같다. 아가미와 뺨은 너울너울하고 아드득하는 소리가 나는데, 그 소리가 어린아이와 같다"[33]라고 하였다. 때문에 인어라고 부른다. 이 물고기는 강과 호수에 산다.

둘째, 예어鯢魚다. 《이아》〈석어〉에서 "예鯢는 큰 것을 '하鰕'

---

33 《본초강목》권44 '제어鯷魚' 항목에 나오는 내용이다.

라고 부른다"라고 하였고, 곽박의 주석에서 "예어는 점어와 비슷한데, 다리가 4개다. 앞모습은 원숭이와 비슷하고 뒷모습은 개와 비슷하다. 소리는 아이의 울음소리와 같다. 큰 것은 길이가 8~9자다"라고 하였다. 《산해경》에서는 "결수決水[34]에 인어가 많은데, 생김새는 제어와 같다. 다리가 4개이며 소리가 어린 아이와 같다"라고 하였고, 도홍경은 《본초강목》의 주석에서 "인어는 형주荊州의 임저臨沮와 청계青溪에 많이 있다. 그 기름은 불에 태워도 소모되지 않는다. 여산驪山의 진시황秦始皇 무덤에 사용한 인어의 기름이 바로 이것이다"[35]라고 하였다.【《사기史記》〈진시황본기秦始皇本紀〉에 "여산 무덤을 조성할 때 인어의 기름으로 등불을 만들었는데 사라지지 않고 오래가기를 도모한 것이다"라고 나온다.】

《본초강목》에서 "예어는 일명 인어라고도 하고 납어魶魚라고도 하며 탑어鰨魚라고도 한다"[36]라고 하였고, 이시진은 "시냇가에 살고, 생긴 모양과 울음소리가 모두 제어와 같지만 나무에 올라갈 수 있으니, 이것이 바로 예어다"[37]라고 하였다. 또 《본초강목》에서 "민간에서 '장대 위에 오른 점어'라고 하

---

34 허난[河南]성 우산牛山에서 발원하는 강으로 '우산하牛山河'라고도 부른다.
35 《본초강목》권44 '제어' 항목에 나오는 내용이다.
36 《본초강목》권44 '예어鯢魚' 항목에 나오는 내용이다.
37 《본초강목》권44 '제어' 항목에 나오는 내용이다.

는 것이 이것이다. 바다에 사는 '경鯨'과 이름이 같다."**38**라고
하였다. 이 물고기는 시내에서 산다. 대개 제어와 예어는 생김
새와 소리가 서로 같지만 강에서 사는지 시내에서 사는지 나
무에 오르는지의 차이가 있다. 그렇기 때문에 《본초강목》에
서 '제어'와 '예어'를 나누어 구분하였지만, 모두 비늘이 없는
종류[無鱗部]에 들어가 있으니 같은 부류다.

셋째, 역어鯢魚다. 《정자통》에서 "역鯢은 생김새가 점어와
비슷하다. 다리는 네 개이고 꼬리는 길며 소리는 어린아이와
비슷하다. 대나무를 잘 오른다"라고 하였고, 또 "역어는 곧 바
닷속의 인어다. 눈썹, 귀, 입, 코, 손, 손톱, 머리를 모두 갖추고
있고, 피부와 살은 옥처럼 희며 비늘은 없고 가느다란 털이
있다. 다섯 가지 색의 머리털은 말의 꼬리와 같고 길이가 5~6
자다. 몸통 역시 길이가 5~6자다. 바다 가까이에서 사는 사람
들이 역어를 잡아 연못에서 기르는데 암컷과 수컷이 교합하
는 것이 사람과 다름이 없다. 곽박이 인어에 대한 찬贊을 지은
것이 있다【인어는 '인人' 자를 더하여 '인魜' 자로 쓰기도 한다.】"
라고 하였다. 대개 역어가 나무에 오르고 아이처럼 우는 것은
비록 제어나 예어와 비슷하지만, 그 형상과 색은 각각 달라서
'인魜' 자로 구별한 것이다.

---

38 《본초강목》 권44 '예어' 항목에 나오는 내용이다.

넷째, 교인鮫人이다. 좌사의 〈오도부吳都賦〉에서 "신령스러운 외발 짐승[夔]을 교인에게서 찾았네"라고 하였고, 《술이기述異記》에서 "교인은 물고기처럼 물에서 살며 베를 짜는 일을 그만두지 않는다. 눈이 있어 눈물 흘리며 울 수 있고, 눈물을 흘리면 눈물이 구슬이 된다"라고 하였다. 또 "교인이 짠 비단[鮫綃]은 일명 용사龍紗라고도 하는데 그 값이 1백여 금이나 되고, 이것으로 옷을 만들어 입으면 물에 들어가도 젖지 않는다"라고 하였다. 《박물지》에서는 "교인은 물고기처럼 물에서 살고 베 짜는 일을 그만두지 않는다. 때로 물에서 나와 인가에 머무르면서 생사生絲를 팔았다. 머무르던 인가에서 떠날 무렵에 주인집에서 그릇을 찾아다가 눈물을 흘려 구슬을 만들어 쟁반을 가득 채워 주인에게 주었다"라고 하였다. 이는 대개 물에 사는 괴물일 것이다. 베를 짜고 비단을 뜯고 눈물을 흘려 구슬을 만들었다는 이야기는 괴이하다.

그러나 여전히 옛 사람들이 이야기를 전하여 자세히 서술하였다. 〈오도부〉에서 "물속 집[泉室]에서 몰래 길쌈하고 생사를 말더니, 교인이 슬퍼하며 눈물 흘려 구슬을 만들었네"라고 하였고, 유효위劉孝威[39]는 시에서 이렇게 말했다.

---

39 유효위(?~549)는 중국 남조시대 양梁나라의 시인으로, 이름은 불명이며 '효위'는 그의 자. 문집은 일실되었고 시 60여 수만 전한다. 본문에 인용된 시는 〈소임해小臨海〉이며 《악부시집樂府詩集》 권55에 수록되어 있다.

거신巨蜃[40]의 숨은 멀리 신기루를 만들고 신기원생루蜃氣遠生樓

교인은 가까이에서 베를 짜네 교인근잠직鮫人近潛織

《동명기洞冥記》[41]에서는 "폐륵국吠勒國에서 사람들이 코끼리를 타고 바다에 들어가 교인의 궁에 묵으며, 교인의 눈물로 만든 구슬을 얻었다"라고 하였고, 이기李頎[42]는 〈교인가鮫人歌〉에서 이렇게 말했다.

가벼운 깁[輕綃] 무늬 알 수 없으니 경초문채불가식

輕綃文綵不可識

밤마다 맑은 파도에 달빛 비치네 야야징파연월색

夜夜澄波連月色

고황顧況은 〈송종형사신라送從兄使新羅〉에서 이렇게 말했다.

제녀帝女[43]는 돌을 물고서 날고 제녀비함석帝女飛銜石

---

40 바닷속에서 뜨거움 숨을 내뿜어 신기루를 만들어낸다는 전설상의 교룡蛟龍을 말한다. 일설에 의하면 옛날에는 큰 대합조개가 기운을 뿜어내어 신기루를 만든다고 여기기도 했다.

41 중국 후한 때 곽헌郭憲이 지은 《한무동명기漢武洞冥記》를 말한다. 고대의 신선이나 도술 등의 전설을 기록한 책으로 4권으로 되어 있다.

42 중국 당나라 때의 시인으로 《전당시全唐詩》에 시 127수가 전한다.

43 염제炎帝의 딸이다. 염제의 딸이 동해에 빠져 죽은 뒤 영혼이 정위精衛라는 새

교인은 눈물로 짠 비단을 파네　　　교인매루초鮫人賣淚綃

그러나 바닷속 궁전에서 비단 짜는 것을 본 사람은 아무도 없으니, 교인이 눈물로 구슬을 만들었다는 이야기는 매우 허망한 것으로 모두 실제로 본 적은 없으면서 단지 전해오는 것을 그대로 따라 쓴 것이다.

다섯째, 여인 물고기[婦人之魚]다. 서현徐鉉[44]은 《계신록稽神錄》[45]에서 "사중옥謝仲玉이라는 사람이 물속에 들어갔다 나왔다는 여인을 보았는데 허리 아래가 모두 물고기였으니 곧 인어였다"라고 하였다. 《술이기》에는 "사도査道가 고려에 사신으로 갈 때 바다에서 한 여인을 보았는데, 붉은 치마를 입고 소매를 걷은 상태였고 쪽진 머리가 어지러이 흐트러져 있었으며 뺨 뒤에 붉은 수염이 조금 나 있었다. 물속에 놓아주라 명하니 손을 모아 절하여 감사를 표하고 사라졌다. 이는 인어다"라고 나온다. 대개 제어, 예어, 역어, 교어, 이 네 가지에는 부인과 비슷하다는 설명이 별도로 없었으니 사중옥과 사도가 본 것은 이것들과 구별되는 다른 것이다.

　　로 변하여 늘 서산의 나무와 돌을 물어다가 동해를 메웠다고 한다.
44　서현(916~991)은 중국 송나라 때의 문학가이자 서예가로, 자는 정신鼎臣이다.
45　서현이 지은 지괴소설志怪小說(괴이한 주제나 소재를 다루는 이야기)집으로 6권으로 이루어져 있다.

지금 서해와 남해에 사람과 비슷하게 생긴 두 종의 물고기가 있다. 하나는 상광어다. 생김새가 사람과 같고 젖꼭지가 두 개 있으니, 《본초강목》에서 말한 해돈어다.【'해돈어'조에서 상세한 설명을 볼 수 있다.】또 다른 하나는 옥붕어다. 길이가 8자쯤 된다. 몸은 보통 사람과 같고 머리는 어린아이처럼 생겼으며 수염과 머리털이 아래로 늘어져 있다. 하체는 암컷과 수컷이 다른데 사람의 남녀와 매우 닮았다. 뱃사람들이 그것을 매우 꺼려서 혹 그물에 들어오기라도 하면 상서롭지 못하다고 여겨서 버렸다. 이것이 틀림없이 사도가 본 물고기일 것이다.

사방어四方魚

사방어四方魚

민간에서 부르는 이름은 없다.

크기는 4~5치다. 몸통은 사각형이다. 길이와 너비와 높이가 대략 서로 비슷한데, 길이가 너비보다 조금 더 크다. 입은 손톱으로 할퀸 흔적처럼 생겼고, 눈은 녹두처럼 생겼다. 양 지느러미와 꼬리는 겨우 파리 날개만 하고, 항문은 녹드가 들어갈 만하다. 산사鏟鯊처럼 온몸에 날카로운 가시가 있다. 몸통은 쇠와 돌처럼 단단하다.

창대는 "예전에 세찬 바람과 거센 파도가 일어난 뒤에 사방어가 표류하여 해안가에 이르렀기 때문에 한 번 본 적이 있다"라고 하였다.

우어牛魚

우어牛魚

【민간에서 부르는 이름은 '화절육花折肉'이다.】

길이는 2~3길이다. 아래 주둥이는 길이가 3~4자. 허리는 소처럼 크며 꼬리는 뾰족하게 줄어든다. 비늘이 없으며 온몸이 모두 살이고 눈처럼 희다. 매우 연하고 부드러우며 달고 맛이 좋다. 때로 조수를 따라 항구에 들어오기도 한다. 주둥이가 갯벌에 박히면 빼지 못하고 죽는다.【원편에는 빠져 있던 것을 이제 보충하였다.】

○ 이청의 설명

《명일통지明一統志》〈여직[46]女直〉편에서 "우어는 혼동강混東江[47]에서 난다. 큰 것은 길이가 1길 5자 정도고 무게는 300근

---

[46] 여진女眞을 말한다. 《명일통지》 원문에 '女直(여직)'으로 표기되어 있는데, 요나라 흥종興宗의 이름을 피휘避諱하기 위하여 그렇게 표기한 것이다. 이를 그대로 인용하였기에 《자산어보》 원문에도 여직'女直(여직)'으로 표기되어 있다.

[47] 압록강을 말한다. 《신증동국여지승람》에서 '백두산 꼭대기에 있는 못에서 남쪽으로 흐르는 것은 압록강이 되고, 북으로 흐르는 것은 송화강과 혼동강이 되고, 동북으로 흐르는 것은 소하강과 속평강이 되고, 동으로 흐르는 것은 두만강이 되었다'고 설명한다.

이 나간다. 비늘과 뼈는 없고 살과 지방이 서로 사이에 끼어 있어 먹으면 맛이 입안에서 오래간다"라고 하였고, 《이물지 異物志》에서는 "남쪽 지방에 우어라는 물고기가 있는데 일명 인어引魚라고도 한다. 무게는 300~400근이고 생김새는 예어와 같다. 비늘과 뼈가 없고 등에 얼룩무늬가 있으며 배 아래는 푸른색이다. 고기의 맛이 자못 으뜸이다"**48**라고 하였다. 《정자통》에서는 "살펴보니, 《통아通雅》**49**에서는 '우어는 북쪽 지방의 유어鮪魚에 속하는 종류이다'라고 하였고, 옻이王易의 《연북록燕北錄》에서는 '우어는 주둥이가 길고 비늘이 단단하며 머리에 무른 뼈가 있다. 무게는 100근이다'라고 하였으니 이것들은 곧 남쪽 지방의 심어鱘魚다"라고 하였다. 이러한 내용에 근거해보면 우어는 곧 지금의 화절어花折魚다. 심어는 곧 유어니, 또 심어鱏魚라고도 한다. 코가 몸길이와 엇비슷하게 길다. 색깔은 흰색이며 비늘이 없다. 이시진 역시 우어를 심어에 속하는 종류라고 여겼으니 바로 이것이다.

---

48 《명일통지》와 《이물지》의 내용이 《본초강목》권44 '우어牛魚' 항목에 나온다.

49 명말 청초의 사상가인 방이지方以智(1611~1671)가 썼다. 《이아爾雅》의 체재를 본떠 44문門으로 나누고 명물名物, 상수象數, 훈고訓詁, 음운音韻 등을 고증한 책으로, 총 52권이다.

회잔어鱠殘魚

회잔어鱠殘魚

【민간에서 부르는 이름은 '백어白魚'다.】

생김새는 젓가락과 비슷하다. 칠산七山의 바다에 많이 있다.【이 또한 지금 보충한 것이다.】

○ 이청의 설명

《박물지》에서 "오나라 왕 합려闔廬[50]가 장강을 지나다가 물고기 회를 먹고 남은 것을 강물에 버렸는데, 변하여 이 물고기가 되었으므로 회잔이라 이름을 붙였다"[51]라고 하였으니 바로 지금의 은어銀魚다. 《본초강목》에서는 "일명 왕여어王餘魚라고도 한다"라고 하였고, 《역어유해譯語類解》[52]에서는 "이것을 면조어麵條魚라고 한다"라고 하였으니 그 형상이 비슷하기 때문이다.

---

50 중국 춘추전국시대 오吳나라의 제24대 왕(B.C. 515~B.C. 496 재위)으로 이름은 광光이다. 기원전 515년에 오나라 왕 요僚를 죽이고 즉위했으며, 초나라를 쳐서 중원까지 위세를 떨쳤으나 뒤에 월나라 왕에게 패하여 죽었다.
51 《본초강목》권44 '회잔어鱠殘魚' 항목에 나오는 내용이다.
52 중국에서 상용되는 문장 또는 언어 중에서 간단한 단어만 뽑아 우리말로 풀이한 사전. 조선 숙종 때 김경준金敬俊, 신이행愼以行 등이 지었다.

이시진은 "혹은 오왕이 월왕이라고 되어 있는 것도 있고 《박물지》가 《승보지僧寶志》로 되어 있는 것도 있는 것으로 보면 더욱더 억지로 끼워 맞춘 것이므로 판별하기에 부족하다"라고 하였고, 또 "큰 것은 길이가 4~5치고 몸통은 젓가락처럼 둥글면서 은처럼 깨끗하고 희다. 비늘이 없어서 다치 이미 회를 뜬 물고기 같은데 다만 눈에 두 개의 검은 점이 있다"[53]라고 하였다. 지금 말한 백어가 바로 이 물고기이다.

---

53 이시진의 언급이 모두 《본초강목》 권44 '회잔어' 항목에 나온다.

침어鱵魚

침어鱵魚

【민간에서 부르는 이름은 '공치어孔峙魚'다.】

큰 것은 길이가 2자쯤 된다. 몸통은 뱀처럼 가늘고 길다. 아래 주둥이가 의료용 침처럼 가느다란 모양인데 길이가 3~4치 정도고 위 주둥이는 제비처럼 생겼다. 색깔은 흰색인데 푸른 빛을 띠고 있다. 맛은 달고 깔끔하다. 8~9월에 포구에 들어왔다가 되돌아간다.

○ **이청의 설명**

《정자통》에서 "침어는 민간에서 침자어針觜魚라고도 부른다"라고 하였고, 《본초강목》에서는 "침어는 일명 강공어姜公魚라고도 하고 동세어銅哾魚라고도 한다"라고 하였다. 이시진은 "이 물고기의 주둥이에는 침이 하나 있다. 민간에서는 이것을 '강태공姜太公의 낚시 바늘'이라고 하는데 이 역시 견강부회한 것이다"라고 하였다. 또 "생김새는 회잔어와 같지만 주둥이가 뾰족하고 바늘과 같이 생긴 하나의 가느다란 검은 뼈가 있다는 점이 다를 뿐이다. 〈동산경東山經〉[54]에서는 '택수沢水 북쪽에서 호수로 물이 흘러드는데 그 중간 지역에 잠어箴魚가 많다. 생김새는 조어儵魚와 같고 주둥이는 바늘과 같다'라고 하였으니, 바로 이것이다"[55]라고 하였다. 모두 지금의 공치어를 말하는 것이다. (몸체에 비늘처럼 흰 부분이 있지만 진짜 비늘은 아니다.)

군대어裙帶魚

【민간에서 부르는 이름은 '갈치어葛峙魚'다.】

생김새는 긴 칼과 같다. 큰 것은 길이가 8~9자 정도다. 이빨은 단단하고 촘촘하다. 맛은 달다. 물리면 중독된다. 침어에 속하는 종류다. 몸이 조금 납작할 뿐이다.

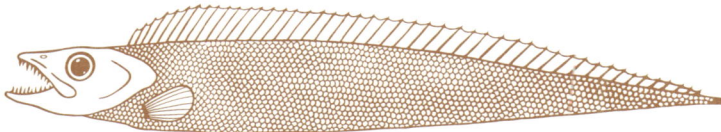

---

54 《산해경》〈산경山經〉의 제4권이 〈동산경〉이다. 《산해경》은 중국 선진先秦시대에 저술되었다고 추정되는 신화집 및 지리서다. 총 18권으로 〈산경〉 5권, 〈해경海經〉 13권이다.

55 《본초강목》권44 '침어鱵魚' 항목에 나오는 내용이다.

관자어鸛觜魚

【민간에서 부르는 이름은 '한새치閑鹽峙'다.】

 큰 것은 1길 정도다. 머리는 황새 부리처럼 생겼다. 이빨은 바늘처럼 생겼으며 즐비하게 늘어서 있다. 색깔은 청백색이고 살의 색깔 또한 푸른색이다. 몸통은 뱀처럼 생겼다. 이 또한 침어에 속하는 종류다.

천족섬千足蟾

천족섬千足蟾

【민간에서 부르는 이름은 '삼천족三千足' 또는 '사면발四面發'이다.】

몸통은 완전히 둥글다. 큰 것은 지름이 1자 5치쯤 된다. 온몸 주위로 무수한 다리[股]가 있다. 생김새는 닭의 정강이 같다. 다리에 또 다리가 나와 있고 그 다리에 또 가지가 나와 있고 그 가지에 또 줄기가 나와 있고 그 줄기에 또 잎이 나와서 천 개 만 개의 다리 끝이 꿈틀꿈틀거려 사람의 몸에 소름끼치게 한다. 입이 배에 있다. 이 또한 장어章魚에 속하는 종류다. 포로 만들어 약에 넣으면 양기를 돕는 효과가 있다고 한다.

○ **이청의 설명**

곽박의 〈강부江賦〉에서 "토육土肉과 석화石華"라고 하였고, 이선李善이 《임해수토물지臨海水土物志》를 인용하여 주석을 달면서 "토육은 순 검은색이고 크기는 어린아이의 팔만 하고 길이는 5치쯤 된다. 몸 가운데에 배가 있으나 입은 없고, 배에는 서른 개의 다리가 붙어 있다. 구워서 먹는다"라고 하였다. 이것이 지금 말하는 천족섬과 비슷하다.

해타 海鮀

해타 海鮀

【민간에서 부르는 이름은 '해팔어海八魚'다.】

 큰 것은 길이가 5~6자 정도고 너비 또한 그와 같다. 머리와 꼬리가 없고 얼굴과 눈도 없다. 몸체는 연유와 같이 부드러운 것이 뭉쳐 있으며 생김새는 승려가 삿갓을 쓰고 있는 모습과 같다. 허리에는 여자의 치마 같은 것을 붙이고 있고 다리를 늘어뜨려 물에서 헤엄친다. 삿갓의 안에는 무수히 많은 짧은 털이 있다.【털은 마치 아주 가는 녹두 가루로 만든 수제비 같다. 그러나 실제로 진짜 털은 아니다.】 그 아래는 목처럼 생겼으며 어깨의 상박처럼 솟아 있다. 어깨의 상박 아래는 네 개의 다리로 나뉘는데 다닐 때에는 하나로 붙어 합쳐진다. 다리는 몸의 절반을 차지하는데 다리의 위아래와 안팎에 셀 수 없을 정도로 무수한 긴 털이 무리지어 나 있다. 털 중에 긴 것은 몇 길 정도고 검은색이며 짧은 것은 7~8치 정도다. 그다음으로 긴 것과 짧은 것은 그 차이가 일정하지 않다. 큰 것은 끈처럼 생겼고 가는 것은 털처럼 생겼다. 다닐 때에는 우산처럼 천천히 흔들고 노닐 때에는 쫙 펼친다. 색은 우모초牛毛草(우뭇가사리)와 매우 비슷하다.【우모초를 삶아서 덩어리[膏]를 만드는데

밝게 응고된 것을 '해동海凍'이라 한다.】

강항어強項魚가 해타를 만나면 두부처럼 먹어버린다. 조수를 따라 항구에 들어왔다가 조수가 빠지면 갯벌에 박혀서 움직이지 못하고 죽어버린다. 육지에 사는 사람들이 모두 삶아서 먹거나 또는 회로 먹는다.【삶으면 치즈처럼 부드러운 것이 단단해지고 질겨지며 거칠고 큰 것이 줄어들어 작아진다.】창대는 "예전에 해타의 배를 갈라 보았는데 마치 다 문드러져버린 호박의 속과 같았다"라고 하였다.

○ 이청의 설명

'타鮀'는 또한 '타跎'로 쓰기도 한다.《이아익爾雅翼》에서 "타跎는 동해에서 난다. 순백색이고 거품처럼 몽글몽글하고 또 응고된 피 같기도 하다. 가로와 세로가 몇 자 정도다. 지능은 있으나 머리와 눈을 둘 곳이 없기 때문에 사람을 피할 줄 모른다. 새우 무리가 붙어 있는데 그것을 따라 움직인다"라고 하였다.《옥편玉篇》에서 "형체는 삿갓을 쓴 것과 같고 항상 둥둥 떠서 물의 흐름을 따른다"라고 하였고, 곽박의 〈강부〉에서 "수모의 눈은 새우다"라고 하였는데, 주석에 "수모는 민간에서 '해설海舌'이라 부른다"라고 하였다. 또《박물지》에서는 "동해에 어떤 동물이 있는데 생김새는 응고된 피와 같고 이름은 '자어鮓魚'라고 한다"라고 하였다.《본초강목》에서는 "해타는 일명 수모라고도 하고 저포어樗蒲魚라고도 한다"라고 하였고, 이시진은 "남쪽 지역사람이 와전하여 해절海蜇이라고도 하고 혹 사자蜡鮓라고도 하는데 모두 잘못된 것이다. 민閩지역의 사람들은 '타鮀'라고 하였고 광廣 지역의 사람들은 '수모'라고 하였고《이원異苑》에서는 '석경石鏡'이라 하였다"[56]라고 하였다.《강희자전》에는 "타鮀는 수모다. 일명 분蟦이라고도 하는데 형체가 양의 위처럼 생겼다"라고 나온다. 모두 지금의 해팔어를 말하는 것이다.

이시진이 말하기를 "수모는 형체가 한 덩어리로 뭉쳐진 모양을 하고 있고 색깔은 홍자紅紫색이다. 배 아래에 솜과 같은 촉수가 있는데 새우 무리가 여기에 붙어 있다가 수모가 뿜어내는 진액과 거품을 빨아먹는다. 사람이 그것을 잡아서 피와 진액을 제거하면 먹을 수 있다"[57]라고 하였다.【《본초강목》에 나온다.】 대개 이 동물의 안에는 피와 진액이 있는데 바다 사람들은 "해타의 배 안에는 피를 담고 있는 주머니가 있어서 때로 큰 물고기를 만나면 피를 뿜어 어지럽게 하는데 마치 오즉(오징어)이 먹물을 뿜는 것과 같다"라고 한다.

---

56 《본초강목》권44 '해타' 항목에 나오는 내용이다.
57 《본초강목》권44 '해타' 항목에 나오는 내용이다.

경어鯨魚

경어鯨魚

【민간에서 부르는 이름은 '고래어高來魚'다.】

색깔은 철흑鐵黑색이고 비늘이 없다. 길이는 10여 길인데 혹 20~30길이 되는 것도 있다. 흑산 바다에도 있다.【원편에는 빠져 있던 것을 이제 보충하였다.】

○ **이청의 설명**

《옥편》에 "고래는 물고기의 왕이다"라고 나와 있고, 《고금주古今註》에서는 "고래는 큰 것은 길이가 1천 리나 되고 작은 것이어도 수십 길이나 된다. 암컷을 '예鯢'라고 하는데, 암컷 또한 큰 것은 길이가 천리나 되고 눈은 명월주明月珠처럼 밝다"라고 하였다. 지금 고래가 서쪽과 남쪽 바다에 있는데 길이가 1천 리나 된다는 것은 듣지 못하였으니 《고금주》를 쓴 최표의 설은 과장된 것이다.

지금 일본인들은 고래회를 가장 귀중히 여겨서 약을 바른 화살을 쏘아서 고래를 잡는다. 지금 혹 고래가 죽어 물에 떠 흘러오기도 하는데 여전히 화살이 꽂힌 것이 있으니 이는 화살을 맞고 도망갔던 놈일 것이다. 또 혹 고래 두 마리가 서로 싸우다 한 마리가 죽어서 해안가로 떠 흘러오는 것도 있다.

고기를 삶으면 기름이 나오는데 열 항아리 남짓을 얻을 수 있다. 눈으로는 잔을 만들 수 있고 수염으로는 자를 만들 수 있으며 등뼈는 한 마디를 잘라서 절구를 만들 수 있는데 고금의 본초서에는 모두 수록되지 않았으니 이상할 만하다.

해하海鰕

대하大鰕

길이는 1자 남짓이고 색깔은 흰색이면서 붉은색이다. 등이 굽었고 몸에 껍질이 있다. 꼬리는 넓고 머리는 석해石蟹(닭새우)와 비슷하며 눈이 돌출되어 있다. 수염이 두 개 있는데 길이는 자신의 몸에 비해 세 배나 길고 붉은색이다. 머리 위에는 뿔이 두 개 있는데 가느다랗고 단단하며 뾰족하다. 다리는 여섯 개가 있는데 가슴 앞에 선위蟬緌[58]처럼 생긴 다리가 두 개 더 있다. 배 아래에는 쌍으로 된 판이 위로 붙어 있고 가슴

---

[58] 매미 머리처럼 생긴 갓에 늘어진 갓끈.

과 다리와 배의 쌍으로 된 판 사이에 알을 품는다. 헤엄을 칠 수도 있고 걸을 수도 있다. 맛은 가장 달고 좋다.

중간 크기의 것은 길이가 3~4치다. 색이 흰 것은 크기가 2치쯤 되고, 색이 자주색인 것은 크기가 5~6치 정도고, 자잘한 것은 개미와 같다.

○ **이청의 설명**

《이아》〈석어〉에 "호鰝는 대하다"라고 나와 있고, 진장기는 "바닷속에 사는 홍하紅鰕는 길이가 1자고 수염으로 비녀를 만들 수 있다"[59]라고 하였다. 바로 이것을 말한다.

---

59 《본초강목》권44 '해하' 항목에 나오는 내용이다.

해삼 海蔘

해삼 海蔘

큰 것은 2자 정도 된다. 몸의 크기는 오이[黃瓜]⁶⁰와 같다. 온몸에 가는 돌기가 있는데 이 또한 오이와 같다. 두 개의 머리는 몸통보다 약간 작고, 한쪽 머리에는 입이 있으며 다른 한쪽 머리에 항문이 있다. 배 가운데에 밤송이처럼 생긴 것이 있고 창자는 닭의 창자와 같다. 껍질이 매우 연해서 끌어 올리면 끊어진다. 배 아래에는 다리가 백 개 있어 걸을 수는 있으나 헤엄칠 수는 없어서 그 행동이 매우 둔하다. 색깔은 짙은 검정색이고 살은 청흑색이다.

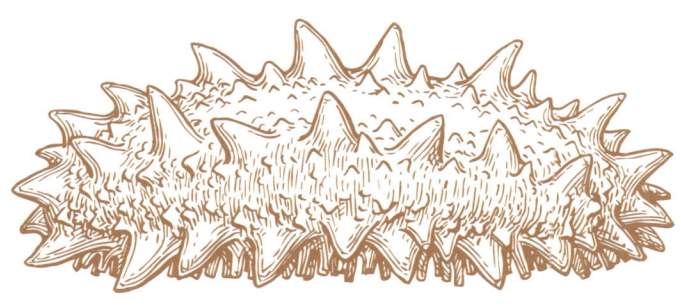

---

60 원문의 '황과黃瓜'는 늙은 오이인 '노각'을 가리킨다.

○ **이청의 설명**

우리나라의 바다 모든 곳에서 해삼이 난다. 해삼을 잡아 말려서 사방에서 판다. 전복[복어鰒魚], 홍합[淡菜]과 함께 3대 상품으로 거론된다. 그러나 고금의 본초서를 살펴보았는데 모두 수록하고 있지 않다. 근래에 섭계葉桂[61]가 지은 《임증지남臨證指南》을 보면 약방에 해삼을 많이 사용한다고 하니 대개 우리나라에서 사용함으로써 비롯된 것 같다.

---

61 섭계(1667~1747)는 중국 청淸나라 때의 의학자로, 자인 '천사天士'로 더 널리 알려져 있다. 《임증지남》은 그의 저술인 《임증지남의안臨證指南醫案》을 말한다.

굴명충屈明蟲

굴명충屈明蟲

【민간에서 부르는 이름을 따랐다.】

큰 것은 길이가 1자 5치 정도다. 지름도 이와 같다. 생김새는 알을 품고 있는 닭과 같다. 꼬리는 없고 머리와 목 부분은 조금 높으며 고양이 귀처럼 생긴 귀가 있다. 배 아래는 해삼의 다리와 비슷한데 역시 헤엄을 칠 수 없다. 색깔은 짙은 검정색이며 붉은 무늬가 있다. 온몸이 모두 피다. 맛은 싱겁다. 영남 지역의 사람들이 그것을 먹는데 피를 여러 번 씻어 제거하지 않으면 먹지를 않는다.

음충淫蟲

음충淫蟲

【민간에서 부르는 이름은 '오만동五萬童'이다.】

생김새는 남성의 성기와 비슷하다. 입이 없고 구멍도 없으며 물 밖으로 나오면 죽는다. 햇볕에 말리면 빈 주머니처럼 쪼그라든다. 손으로 어루만지면 잠시 뒤에 팽창하여 모공에서 땀이 나듯이 즙을 내는데 실이나 머리카락처럼 가늘며 좌우로 날리면서 쏜다. 머리는 크고 꼬리는 그보다 작으며 꼬리를 이용해 돌 위에 붙어 있다. 회색이면서 누렇다. 복어(전복)를 채취하는 사람이 때로 이것을 잡는다. 양기를 보충하는 효과가 커서 음탕한 사람은 이것을 말려 약에 넣는다.

또한 호두와 비슷한 종류가 하나 있는데 어떤 사람은 음충의 암컷이라고 한다.

○ **이청의 설명**

《본초강목》에 '낭군자郎君子'에 대한 설명이 있는데 그 모양이 여기에서 말한 음충과 대략 비슷하다. 그러나 확실하지는 않다.

껍데기가 있는 종류〔介類〕

해귀 海龜

해귀 海龜

생김새는 '수귀水龜'와 비슷하다. 등과 배에 대모瑇瑁[1] 무늬가 있다. 때로 수면으로 올라오기도 하는데 성질이 매우 느릿하고 여유로워 사람을 가까이해도 놀라지 않는다. 등에는 모려牡蠣(굴) 껍데기가 붙어 있다가 조각조각 벗겨져 떨어진다.【모려는 단단한 동물을 만나면 반드시 그 껍데기에 붙는다.】해귀를 혹 모려로 오인하기도 한다. 재앙을 일으킬까 두려워하는 지역 풍속이 있어서 보고도 잡지 않으니 애석하도다!

---

1 바다거북의 일종이다. 등 껍데기를 대모 또는 대모갑이라 부르기도 한다.

해蟹

○ 이청의 설명

《주례周禮》[2] 〈고공기考工記〉 주석에 "옆으로 가는 것은 해蟹의 종류다"라고 하였고, 이에 대한 소疏에서 "요즘 사람들이 이것을 '방해旁蟹'라고 이르는데 옆으로 가기 때문이다"라고 하였다.

부굉傅肱[3]의 《해보蟹譜》에서는 '방해螃蟹'라고 썼고 또 '횡행개사橫行介士'라 하였으니 이는 겉으로 드러난 골격 때문이다. 양웅揚雄[4]의 《방언方言》에서는 '곽삭郭索'이라 하였는데 다니면서 내는 소리 때문이다. 《포박자抱朴子》[5]에서는 '무복공자無腹公子'라 하였는데 안이 비어 있기 때문이다. 《광아廣雅》에서는 "수컷을 낭의蜋蜮라 하고 암컷을 박대博帶라 한다"고 하였는데

---

2 유가 경전인 십삼경十三經 중 하나로, 중국 주周나라 왕실의 관직제도 및 전국시대 각국의 제도를 기록한 책.
3 생몰년 미상. 중국 송나라 때 문인으로 자는 자익子翼이다. 게와 관련된 각종 기록을 모은 《해보》(2권), 《해략蟹略》(4권) 등을 편찬했다.
4 양웅(B.C. 53~A.D. 18)은 중국 전한前漢 말엽의 학자로 자는 자운子雲이다. 《주역周易》을 모방한 《태현경太玄經》 등의 저술을 비롯해 다양한 사부辭賦 작품을 창작하여 후대에 널리 알려졌다. 본문에서 인용된 《방언》은 전한 말의 중국 각지 방언을 수집하고 풀이한 사전이다.
5 중국 동진東晉 때의 학자인 갈홍葛洪(283~343?)이 신선에 관한 이론을 집대성한 책이다. 내편 20편, 외편 30편으로 구성되어 있다.

대개 그 구별은 배꼽부분이 뾰족하면 수컷이고 배꼽부분이 둥글면 암컷이다. 또 집게발이 큰 것을 수컷이라 하고 집게발이 작은 것을 암컷이라 하니 이 또한 구별하는 방법이다.

《이아익》에서 "해는 여덟 개의 다리[跪]와 두 개의 집게발[螯]이 있다. 여덟 개의 다리를 접어서 구부린 모습이 있기 때문에 '궤跪'라 하였고, 두 개의 집게발을 거만하게 세워서 치켜든 모습이 있기 때문에 '오螯'라 하였다"라고 하였다. 지금 민간에서 해를 '궤'라고도 하는데 대개 여기에 근거한 것이다. 《순자荀子》〈권학勸學〉편에 "해는 다리가 여섯 개고 집게발이 두 개다"라고 하였는데 이는 틀린 것이다. 해의 다리는 여덟 개다.

무해舞蟹

【민간에서 부르는 이름은 '벌덕궤伐德跪'다.】

큰 것은 타원형으로 길이와 지름이 7~8치다. 색깔은 적흑색이다. 등 껍데기 가까이에 집게발 두 개가 뿔처럼 나와 있는데 왼쪽 집게발이 힘이 매우 세며 크기는 엄지손가락만 하다.【일반적으로 집게발은 모두 왼쪽이 크고 오른쪽이 작다.】 집게발을 펴서 춤추듯 일어나는 것을 좋아한다. 맛은 달고 좋다. 항상 돌 사이에 있어서 조수가 빠지면 잡는다.

○ **이청의 설명**

소송이 말하기를 "집게발의 껍데기가 넓으면서 노란색이 많은 것을 '직蠘'이라 한다. 남해에서 살고 집게발이 가장 날카로워 물건을 풀 베듯 잘라 버린다"라고 하였다. 이것이 바로 무해다.

시해矢蟹

【민간에서 부르는 이름은 '살궤殺跪'다.】

큰 것은 지름이 2자 정도다. 뒷다리의 끝부분이 부채처럼 넓적하다. 두 눈 위에 1치 남짓 되는 송곳 같은 것이 있는데 이 때문에 '시해'라는 이름을 얻었다. 색깔은 적흑색이다. 보통 해는 달릴 수는 있으나 헤엄칠 수 없는데 유독 시해만이 물에서 헤엄칠 수 있다.【부채처럼 생긴 다리 때문이다.】 시해가 물에서 헤엄을 치면 큰 바람이 불어올 징후이다. 맛은 달고 좋다. 흑산에는 희귀하지만 바다에 항상 있어서 때때로 낚싯바늘에 걸려 올라온다. 칠산七山 바다에서는 그물로 잡는다.

○ **이청의 설명**

이것은 곧 '유모蝤蛑'에 속하는 종류다. 소송이 말하기를 "넓적하고 가장 크다. 뒷발이 넓은 것을 '유모'라 하는데, 남쪽 지역 사람들은 '발도자撥棹子'라고 하니 뒷다리가 노처럼 생겼기 때문이다. 일명 심蟳이라고도 한다. 조수를 따라 껍질을 벗는데 한 번 벗으면 한 번 자라난다. 큰 것은 됫박만 하고 작은 것은 접시만 하다. 두 개의 집게발은 손과 같기 때문에 다른 게들과 다르다. 힘이 매우 강하여 8월에는 호랑이와도 싸울 수 있고 호랑이가 이기지 못한다"[6]라고 하였고, 《박물지》에서는 "유모는 크고 힘이 세서 호랑이와 싸울 수 있고 집게발로 사람을 잘라 죽일 수 있다"라고 하였다. 지금 시해라 이름 붙인 것이 그 몸통이 가장 크다. 이것이 바로 유모다.

---

6 《본초강목》권45 '해蟹' 항목에 나오는 내용이다.

농해籠蟹

【민간에서 부르는 이름을 따랐다.】

큰 것은 지름이 3치 정도이다. 색깔은 창흑蒼黑색이고 선명하고 윤기가 난다. 다리는 붉은색이다. 몸체는 둥글어서 대그릇과 비슷하다. 모래나 진흙을 파서 구멍을 만드는데 모래가 없으면 돌 사이에 엎드려 있다.

○ 이청의 설명

이시진이 말하기를 "팽기蟛蜞와 비슷하면서 바닷속에 산다. 조수가 밀려오면 구멍에서 나와 이리저리 내다보는 것을 '망조'라고 한다"[7]라고 하였다. 지금 바닷속에 작은 해는 모두 조수가 밀려오면 구멍에서 나오니 특별히 다른 종류가 있는 것은 아니다.

팽활蟛蛞

【민간에서 부르는 이름은 '돌장궤突長跪'다.】

농해보다 작다. 색깔은 창흑색이고 두 개의 집게발은 약간 붉은색이다. 다리에는 얼룩무늬가 있는데 대모瑇瑁와 비슷하다.

---

7 《본초강목》권45 '해' 항목에 나오는 내용이다.

○ **이청의 설명**

《이아》〈석충釋蟲〉편에서 "활택蛞蟬 중에 작은 것은 노랑다"라고 하였고, 곽박의 주석에서는 "이것이 바로 팽활蟛螖이다"라고 하였다. 소송이 말하기를 "가장 작고 털이 없는 것을 '팽활'이라고 한다. 오吳나라 사람들이 와전하여 '팽월蟛越'이라 한다"라고 하였다. 지금 민간에서 '돌장궤'라 부르는 것은 바로 해蟹의 종류로, 모두 팽활이다.

소팽小蟛

【민간에서 부르는 이름은 '참궤參跪'다.】

색깔은 검은색이고 몸통은 작고 조금 편편한 편이다. 집게발 끝은 연한 흰색이다. 항상 돌 틈에 있다. 젓갈로 담아 먹을 수 있다.

황소팽黃小蟛

【민간에서 부르는 이름은 '노랑궤老郎跪'다.】

이는 바로 소팽에 속하는 종류이다. 다만 등이 누런색이라는 점이 다르다.

백해白蟹

【민간에서 부르는 이름은 '천상궤天上跪'다.】

팽활보다 작고 색깔은 흰색이며 등에는 청흑색 둥근 테가 있다. 집게발이 매우 강해서 사람을 물면 통증이 매우 심하다. 민첩하게 달리기를 잘하며 항상 모래 속에 있으면서 굴을 만든다.

○ **이청의 설명**

이시진이 말하기를 "팽기와 비슷하면서 모래 구멍에서 살고, 사람을 보면 즉시 달아나는 것은 사구沙狗다"[8]라고 하였다. 지금 말하는 백해가 바로 사구다.

화랑해花郎蟹

【민간에서 부르는 이름을 따랐다.】

크기는 농해와 같다. 몸통은 누렇고 짧고 눈은 가늘며 길다. 왼쪽 집게발이 특별히 크지만 무뎌서 사람을 물 수 없다. 다닐 때에는 집게발을 펼치는데 그 모양이 마치 춤을 추는 것 같다. 때문에 '화랑해'라는 이름이 붙은 것이다.【민간에서 춤추는 남자를 '화랑花郎'이라 한다.】

---

[8] 《본초강목》권45 '해' 항목에 나오는 내용이다.

주복해蛛腹蟹

【민간에서 부르는 이름은 '모음살궤毛音殺跪'다.】

크기는 팽활과 같다. 껍데기는 종이처럼 연하다. 두 눈 사이에 뿔처럼 생긴 송곳이 있어서 사람을 다치게 할 수 있다. 몸 전체가 부종처럼 부어오른 것 같다. 배가 거미처럼 부풀어 있어서 멀리 달릴 수 없다. 바위틈에 있다.

천해川蟹

【민간에서 부르는 이름은 '진궤眞跪'다.】

큰 것은 둘레가 3~4치다. 색깔은 청흑색이다. 수컷은 다리에 털이 있고 맛이 가장 좋다. 섬 안의 시내에도 간혹 있다. 우리 집이 있는 열수洌水[9]가에서도 이것을 볼 수 있다. 봄에 강을 거슬러 올라가 밭 사이에 새끼를 낳고 가을에 강물을 따라 내려간다. 어부들이 여울에 나가 돌을 모아 담을 만들고서 새끼를 꼬아 늘어놓고 벼 이삭을 달아놓았다가 매일 밤 횃불을 들고 손으로 잡는다.

---

9 경기도 남양주시 조안면 능내리 마재 마을 앞의 물 이름으로, 북한강과 남한강이 합쳐지는 두물머리를 가리킨다. 이곳은 정약전의 출생지다.

사해蛇蟹

【민간에서 부르는 이름을 따랐다.】

크기는 농해와 같다. 색깔은 푸른색이며 두 개의 집게발은 심적深赤색이다. 땅 위를 걸어 다니는 것을 좋아한다. 항상 바닷가에 있는 집 근처에서 노닐며 기와나 자갈 사이에 굴을 만든다. 이 때문에 이와 같은 이름을 얻었다. 사람이 먹지는 않고 간혹 물고기 미끼로 쓴다.

○ **이청의 설명**

바닷가에 사는 것 중에 오직 사해만 먹을 수 없고 나머지는 모두 먹을 수 있다. 밭의 진흙이나 시내에서 사는 것 중에 오직 진해眞蟹만 먹을 수 있고 나머지는 먹을 수 없다. 채모蔡謨는 팽기를 먹고 거의 죽을 뻔했는데 탄식하기를 "내가 《이아》를 제대로 읽지도 못했구나"라고 하였다.[10] 바로 밭의 진흙에서 사는 작은 해다.

---

10 《세설신어世說新語》 권하지하卷下之下 〈비루紕漏〉 편에 나오는 이야기로, 중국 진晉나라 때의 관리 채모(281~356)가 팽기를 해로 착각하여 삶아 먹고는 배탈이 나 크게 토하고 나서 이 이야기를 사상謝尙(308~357)에게 했더니 사상이 채모에게 "그대는 《이아》는 익숙하게 읽지 않아 〈권학勸學〉 편 때문에 죽을 뻔했구나"라고 했다고 한다. 《대대례기大戴禮記》 〈권학〉 편에 '해'에 대한 설명은 있는데 비슷한 모양의 팽기 등에 대한 설명은 없기 때문에 사상이 농담 삼아 한 말이다.

두해豆蟹

【민간에서 부르는 이름을 따랐다.】

크기는 큰 콩과 같다. 색깔은 팥과 같은 색이다. 맛은 좋으며 섬사람들이 간혹 날것으로 먹는다.

화해花蟹

【민간에서 부르는 이름을 따랐다.】

크기는 농해와 같고 등이 대그릇처럼 높다. 왼쪽 집게발이 특별히 크고 붉은색이며 오른쪽 집게발은 가장 작고 검은색이다. 온몸에 대모처럼 화려한 무늬가 있다. 맛은 싱겁다. 소금기 있는 진흙 속에 있다.

○ 이청의 설명

소송이 말하기를 "한쪽 집게발은 크고 한쪽 집게발은 작은 것을 '옹검擁劍'이라고 하는데 일명 걸보桀步라고도 한다. 항상 큰 집게발로 싸우고 작은 집게발로 먹이를 먹는다. 또 '집화執火'라고도 하는데 집게발이 붉기 때문이다"[11]라고 하였다. 이것이 지금의 화해다.

---

11 《본초강목》권45 '해' 항목에 나오는 내용이다.

율해栗蟹

【민간에서 부르는 이름을 따랐다.】

크기는 복숭아씨와 같다. 생김새는 복숭아씨 가운데를 자른 것과 같다. 뾰족한 부분이 뒤쪽이고 넓적한 부분이 머리이다. 색깔은 검은색이다. 등은 두꺼비와 같고 다리는 모두 가늘고 길어 1자 정도 된다. 두 개의 집게발은 길이가 2자 정도 되고 입은 거미와 같다. 거꾸로 가거나 옆으로 가지 못하고 앞으로만 간다. 항상 깊은 물속에 있다. 맛이 밤처럼 달아서 '율해'라는 이름을 가지게 되었다.

고해鼓蟹

【민간에서 부르는 이름은 '동동궤鼕鼕跪'다.】

크기는 화해와 같으나 몸체가 짧다. 색깔은 연한 흰색이다.【원편에는 빠져 있던 것을 이제 보충하였다.】

석해石蟹

【민간에서 부르는 이름은 '가재可才'다.】

큰 것은 길이가 2~3자 정도고 두 개의 집게발과 여덟 개의 다리가 있으니 해와 같으나, 다리 끝이 모두 갈라져 집게를 이루고 있다. 뿔의 길이가 몸길이의 두 배이며 뿔에 가시가 있어 대패와 같다. 허리 위로는 껍데기로 덮여 있고 허리

아래로는 새우처럼 비늘껍질이 있다. 꼬리 또한 새우와 비슷하다. 색깔은 검정색이고 윤이 나며 뿔은 붉은색이다. 거꾸로 갈 때는 꼬리를 굽혀 아래로 말아 올리고 앞으로 갈 수도 있다. 알은 배 아래 구부러진 곳에 있다. 대개 육지에서 나는 것과 큰 차이는 없다. 삶아서 먹으며 맛이 매우 좋다.

백석해白石蟹

석해와 비슷한데 크기는 5~6치를 넘지 않는다. 허리 아래 부분이 조금 길며 색깔은 흰색이다.

복鰒

복어 鰒魚

큰 것은 길이가 7~8치 정도다. 등에 껍데기가 있으며 두꺼비의 등과 같다. 등의 안쪽 면은 미끄럽고 광택이 있지만 평평하지 않으며 오색이 찬란하게 빛이 난다. 등 왼쪽에는 구멍이 있는데 5~6개인 경우도 있고 8~9개인 경우도 있다. 구멍은 머리에서부터 줄을 짓고 있다. 구멍이 나지 않은 곳 또한 구멍을 따라 나란히 줄 지어 있는데 밖으로 튀어나오기도 하고 안으로 들어가기도 하며 꼬리에 있는 봉우리까지 이어진다.【구멍이 끝나는 곳이 돌출되어 있는데 이 부분이 나선 모양 골의 시작 부분이 된다.】꼬리에 있는 봉우리부터 나선 모양으로 골이 한 바퀴 둘러 있다.【껍데기 안쪽도 나선으로 돌아 있다.】

껍데기 안쪽에 살이 있고 바깥쪽 면은 타원형이고 평평하여 돌에 붙거나 행동하는 용도로 쓰인다. 안쪽 면의 가운데는 봉우리 하나가 솟아 있다. 살의 앞부분 왼쪽에 입이 있는데【입안에는 까끌까끌한 가는 가시가 있다.】장까지 이어져 있다. 구멍을 따라 내려가면 주머니가 하나 있는데 왼쪽으로는 껍데기에 붙어 있고 오른쪽으로는 살에 붙어서 꼬리에 있는 봉우리 바깥까지 이른다.

살은 맛이 달고 진하며 날로 먹거나 익혀 먹기에 적합하지만 가장 좋은 방법은 말려 먹는 것이다. 내장은 익혀 먹거나 젓갈로 먹기에 적합하며 종기의 뿌리[瘡根]를 제거할 수 있다. 봄과 여름에 큰 독이 있어서 중독된 사람은 종기가 붓고 피부가 갈라진다. 가을과 겨울에는 독이 없다. 기르는 방법은 아직 듣지 못하였다.

들쥐가 복어를 엿보고 엎드려 있다가, 복어가 들쳐 꼬리를 거쳐 등으로 올라오면 쥐가 업고 달려간다.【쥐가 움직이면 복어가 달라붙기 때문에 달려도 떨어지지 않는다.】만약 복어가 먼저 알아차리고 꼬리에 붙어 있는데【쥐가 놀라 움직이기 때문에 눌러 붙기를 더욱 단단하게 한다.】밀물이 밀려오면 쥐는 죽는다. 이는 사람에게 해를 가하는 자들에게 경계가 될 만하다.

복어 중에 구슬을 배고 있는 것은 등껍데기가 더욱 울퉁불퉁하여 마치 벗겨져 떨어진 것 같다. 구슬이 배 안에 있어서 그렇다.

○ 이청의 설명

《본초강목》에서 "석결명石決明은 일명 구공라九孔螺라고도 하고 천리광千里光이라고도 한다"라고 하였고, 소공蘇恭이 말하기를 "이것은 복어갑鰒魚甲이다. 돌에 붙어서 살고, 생김새는 합蛤과 같으나 한쪽만 껍데기가 있고 반대쪽은 없다"라고 하였으며, 소송이 말하기를 "구멍이 7개 난 것과 9개 난 것이 좋고, 10개가 난 것은 좋지 않다"[12]라고 하였다. 이것이 모두 복어다. 그러나 중국에서 사는 것은 매우 희귀하다.

그러므로 왕망王莽이 안석에 기대어 복어를 먹었고, 복륭伏隆이 대궐에 나아가 복어를 바쳤다.【《후한서》에 나온다.】또 "복어를 잡는 것은 왜인들의 색다른 풍속이다"라고 하였고【《위지魏志》〈왜인전倭人傳〉에 나온다.】"유어[鱬]와 복어를 회로 먹는 것을 동해의 뛰어난 맛이라 여긴다"라고 하였고【육운陸雲의 〈답차무안서答車茂安書〉에 나온다.】"조조曹操가 복어 먹기를 즐겨하였는데 한 주州에서 공물로 바친 것이 겨우 100마리뿐이었다"라고 하였으며【조식曹植의 〈구제선왕표求祭先王表〉에 나온다)"언회彦回가 복어를 30마리 받으니 10만 전을 얻을 수 있다"라고 하였다.【《남사南史》〈저언회전褚彦回傳〉에 나온다.】이를 보면 대개 우리나라에서 나는 것만큼 나지는 않은 것 같다.

흑립복黑笠鰒

【민간에서 부르는 이름은 '비말比末'이다.】

생김새는 비올 때 쓰는 삿갓과 비슷하다. 큰 것은 지름이

---

12 《본초강목》의 내용과 소공의 언급, 소송의 언급이 모두 《본초강목》 권46 '석결명' 항목에 나온다.

2치다. 삿갓을 껍데기로 삼는다. 색깔은 검은색이고 미끄럽다. 안쪽은 광택이 나며 평평하다. 살은 복어와 비슷하며 둥글다. 이 또한 껍데기가 한쪽에만 있어서 돌에 붙어 있다.

백립복白笠鰒

껍데기의 색깔이 흰색이라는 점만 흑립복과 다르다.

오립복烏笠鰒

큰 것은 지름이 1치다. 삿갓의 뾰족한 부분이 더욱 높고 경사가 가파르다. 껍데기의 색깔이 검은색이다.

편립복匾笠鰒

삿갓의 뾰족한 부분이 낮고 완만하며 뾰족하지 않다. 껍데기의 색깔은 연한 흰색이다. 살은 더욱 연하다.

대립복大笠鰒

큰 것은 지름이 2치 남짓이다. 껍데기는 편립복과 비슷하고 살은 껍데기 아래로 2~3치 나와 있다. 맛이 써서 먹을 수 없다. 매우 희귀하다. 보통 껍데기가 한쪽만 덮인 것이 '복'이다. 전복[鰒], 조개[蚌], 굴[蠔]에 속하는 것들은 모두 구슬을 낳을 수 있다.

○ **이청의 설명**

구슬을 낳는 것 중에 전복과 조개가 가장 많다. 이순李珣이 말하기를 "진주는 남해에서 나는데 '석결명'이 낳는다. 촉중蜀中 지역의 서로西路에서 나는 것은 모두 '방합蚌蛤'이 낳는 것이다"라고 하였고, 육전陸佃[13]은 "용의 구슬은 턱에 있고, 뱀의 구슬은 입에 있고, 물고기의 구슬은 눈에 있고, 상어의 구슬은 가죽에 있고, 자라의 구슬은 발에 있고, 거미의 구슬은 배에 있는데 모두 조개의 구슬에 미치지 못한다"라고 하였으니 곧 구슬을 낳는 동물 또한 많다.

---

[13] 육전(1042~1102)은 중국 송나라 때의 문인으로 자는 농사農師고 호는 도산陶山이다. 송나라 때의 유명한 시인 육유陸游의 할아버지다. 본문에 인용된 부분은 그가 《시경》의 동식물에 대해 연구 정리한 《비아埤雅》 권1의 '교鮫' 항목에 나온다.

합蛤

○ 이청의 설명

합의 종류는 매우 많다. 모양이 긴 것을 통틀어 '방'이라 하고 또 '함장含漿'이라고 부르기도 한다. 모양이 둥근 것을 통틀어 '합'이라 한다. 모양이 좁고 길며 양 끝이 뾰족하고 작은 것을 '비蠯'라 하고 또 '마도馬刀'라고 부르기도 한다. 색깔이 검은색이면서 가장 작은 것을 '현蜆'이라 하고 또 '편라扁螺'라고 부르기도 한다. 이는 모두 강이나 호수나 시내나 개울에서 나는 것이다.

바다에서 나는 것은 여러 본초서를 살펴보니 "문합文蛤은 머리 하나는 작고 다른 머리 하나는 크며 껍데기에 꽃무늬가 있다"라고 하였고, "합리蛤蜊는 흰 껍데기에 자줏빛 입술을 가지고 있으며 크기는 2~3치 정도 되는 것이다"라고 하였고, "함진蚶雖은 모양이 넓적하고 털이 있는 것이다"라고 하였고, "거오車螯는 몸집이 가장 크고 기(입김)를 토해내서 바다의 큰 신기루를 만들어낼 수 있다"[14]라고 하였고, "담라擔羅는 신라국新羅國에서 사는 것이다"라고 하였다. 그러나 지금은 단지

---

14 이상의 4가지 인용문은 모두 《본초강목》권46의 해당 항목에 나오는 내용이다.

흑산의 바다에서 보이는 합을 근거로 하고 속명을 따라 기록하여 실을 뿐이다.

누문합縷文蛤

【민간에서 부르는 이름은 '대롱조개帶籠雕開'다.】

큰 것은 지름이 3~4치다. 껍데기는 두꺼우며 가로로 무늬가 있는데 비단의 실 가닥처럼 가늘며 온몸 전체에 빽빽하게 퍼져 있다. 맛은 달지만 조금 비리다.

과피합瓜皮蛤

【민간에서 부르는 이름은 '누비조개縷飛雕開'다.】

큰 것은 지름이 4자 남짓이다. 껍데기는 두껍고 세로로 골이 패어 있으며 골의 언덕에는 누런 오이처럼 자잘한 돌기가 있다. 누문합에 비해 조금 자잘하다. 과피합이 변하면 청익작靑翼雀이 된다고 한다.

포문합布文蛤

【민간에서 부르는 이름은 '반질악盤質岳'이다.】

큰 것은 지름이 2치 정도다. 껍데기는 매우 얇고 가로세로로 가느다란 무늬가 있는데 가는 베와 비슷하다. 양쪽의 볼이 다른 것에 비해 높게 올라와 있기 때문에 고기 또한 살지고 크다. 흰색인 것도 있고 청흑색인 것도 있다. 맛이 매우 좋다.

공작합孔雀蛤

【민간에서 부르는 이름을 따랐다.】

큰 것은 지름이 4~5치다. 껍데기가 두껍고 껍데기 앞쪽에는 가로무늬가 있으며 뒤쪽에는 세로무늬가 있어 매우 거칠다. 몸체는 기울어짐이 없다. 색깔은 황백黃白색이다. 속은 미끄러우며 광택이 나고 붉은 광채가 난다.

세합細蛤

【민간에서 부르는 이름은 '나박합羅朴蛤'이다. 북쪽 지역 사람들은 '모시합毛枲蛤'이라고 한다.】

큰 것은 지름이 3~4치다. 껍데기는 얇고 가로세로로 가는 무늬가 빽빽하게 퍼져 있다. 청흑색이지만 색깔이 변하면 흰색이 된다.

비합朼蛤

【민간에서 부르는 이름은 '대합大蛤'이다.】

큰 것은 2자 남짓이다. 앞쪽이 넓고 뒤쪽으로 갈수록 좁아진다. 껍데기가 큰 나무 숟가락과 비슷하다. 색깔은 황백색이다. 가로로 무늬가 있는데 거칠고 성기다. 껍데기를 숟가락처럼 사용하기도 한다.

흑비합黑枇蛤

생김새는 비합과 똑같으나 색깔이 적흑색이라는 점만 다르다.

작합雀蛤

【민간에서 부르는 이름은 '새조개蟹雕開'다.】

큰 것은 지름이 4~5치다. 껍데기는 두껍고 미끄럽다. 참새와 같은 색깔이고 무늬가 참새의 털과 비슷하여 참새가 변한 것 같다. 북쪽 지역에서는 천하게 여길 정도로 많지만 남쪽 지역에서는 희귀하다. 보통 껍데기가 양쪽으로 합쳐진 것을 '합'이라고 하는데 모두 진흙 속에 숨어 살고 알을 낳는다.

○ 이청의 설명

《예기禮記》〈월령月令〉편에 "늦가을에 참새가 큰물에 들어가 합이 되었다. 초겨울에 꿩이 큰물에 들어가 신屋이 되었다"라고 나와 있고, 육전이 말하기를 "방합蚌蛤은 음양과 암수가 없으니 모름지기 참새가 변하여 합이 된 것이다. 때문에 구슬을 낳을 수 있다"라고 하였다. 그러나 모든 조개가 반드시 다른 동물이 변화한 것은 아니다.

해복합蟹腹蛤

생김새는 비합과 비슷하고 색깔은 검은색인 것도 있고 누런색인 것도 있다. 작은 게가 해복합의 껍데기 안에 있다. 바닷가에 많이 있다.【원편에는 빠져 있던 것을 이제 보충하였다.】

○ **이청의 설명**

이시진이 말하기를 "해 중에 방蚌의 배에서 사는 것은 여노蠣奴다. 또 이를 '기거해寄居蟹'라고도 부른다"[15]라고 하였는데 바로 이것이다.

포자합魞子蛤

【민간에서 부르는 이름은 '함박조개咸朴雕開'다.】

생김새는 박과 같다. 진흙 속에 깊이 숨어 있다.【또한 지금 보충한 것이다.】

---

15 《본초강목》권45 '해' 항목에 나온다.

감蚶

감蚶

【민간에서 부르는 이름은 '고막합庫莫蛤'이다.】

크기는 밤과 같고 껍데기는 합과 비슷하며 둥글다. 색깔은 흰색이다. 기와지붕처럼 세로무늬가 줄지어 골을 이룬다. 양쪽으로 나뉘어 있는 껍데기가 들쑥날쑥 어긋나며 딱 들어맞는다. 살은 누렇고 맛이 달다.

○ 이청의 설명

《이아》〈석어〉편에 '괴륙魁陸'이라는 말이 나오는데 주석에서 "이는 곧 지금의 감이다"라고 하였고,《옥편》에서는 "감은 합과 비슷하며 기와지붕과 같은 무늬가 있다"라고 하였다. 《본초강목》에서는 "괴합魁蛤은 일명 괴륙이라고도 하고 감이라고도 하고(다른 곳에 '함蚶'으로 되어 있기도 한다) 와룡자라고도 하며 복로伏老라고도 한다"라고 하였고, 이시진이 말하기를 "남쪽 지역 사람들은 공자자空慈子라 하는데, 상서尙書인 노균盧鈞이 그 껍질이 기와의 덮개와 비슷하다는 이유로 와롱瓦壟으로 이름을 바꾸었다. 광廣 지역 사람들은 그 살을 귀중하게 여겨서 이것을 천련天臠이라 부르기도 하고, 밀정蜜丁이라 하기도 한다"라고 하였으며, 《설문해자》에서는 "늙은 박쥐가 변화하여 괴합이 되었기 때문에【복익伏翼은 박쥐다.】'복로'라 이름 지었다"라고 하였다. 또 "등 위에 있는 골 무늬는 기와지붕과 같다. 지금 절강성 동쪽 지역의 근해에 밭을 만들어 감蚶을 심어 기르는데, 이것을 '감전蚶田'이라 한다"[16]라고 하였다. 여기에서 말하는 고막합이 바로 이것이다.

작감雀蚶

【민간에서 부르는 이름은 '새고막蟹庫莫'이다.】

감과 비슷하나 다만 기와지붕과 같은 무늬가 더욱 가늘고 매끄럽다. 민간에서는 "이것은 참새가 물에 들어가 변한 것이다"라고 한다.

---

16 《본초강목》의 내용, 이시진의 언급, 《설문해자》의 내용이 모두 《본초강목》권 46 '괴합䰛蛤' 항목에 나온다.

정蟶

정蟶

【민간에서 부르는 이름은 '마麻'다.】

크기는 엄지손가락 정도이고 길이는 6~7치다. 껍데기는 무르고 연하며 색깔은 흰색이다. 맛이 좋다. 진흙 속에서 숨어 산다.

○ **이청의 설명**

《정자통》에서 "민閩 지역과 오粤 지역 사람들은 밭을 만들어 정蟶을 심어 기르는데 이것을 정전蟶田이라 한다"라고 하였고, 진장기가 말하기를 "정은 바다의 진흙 속에서 산다. 길이는 2~3치고 크기는 엄지손가락만 하며, 양쪽 끝이 열린다"[17]라고 하였다. 이것이 바로 정이다.

---

17 《정자통》에 나온 내용과 진장기의 언급이 모두 《본초강목》 권46 '정' 항목에 나온다.

담채 淡菜

담채 淡菜

【민간에서 부르는 이름은 '홍합紅蛤'이다.】

몸통은 앞쪽이 둥글고 뒤쪽이 뾰족하다. 큰 것은 길이가 1자 정도고 너비는 길이의 반 정도다. 뾰족한 봉우리 아래에 털들이 어지러이 나 있다. 돌 표면에 붙어 수천수백 마리가 무더기 지어 있다. 조수가 밀려오면 입을 열고 조수가 빠지면 입을 닫는다. 껍데기의 색깔은 심흑색이고 안쪽은 매끈하며 푸른빛이 난다. 살은 붉은색도 있고 흰색도 있다. 맛은 달고 좋다. 국으로 먹기에 적합하고 젓갈을 담아 먹기에도 적합하다. 말려서 먹는 것이 사람에게 가장 큰 도움이 된다.

코털을 뽑다가 피가 나는 사람은 어떤 약으로도 피를 멈추게 할 수 없는데, 오직 담채의 수염을 태운 재를 붙이면 신통한 효과가 있다. 또 지나친 성생활로 신장에 무리가 생긴 사람이 찬 기운을 쐬어 협음상한挾淫傷寒[18]에 걸렸을 때 담채의

---

[18] 지나친 성생활로 신장에 무리가 간 상태로 찬 기운을 맞으면 생기는 병이다. 《중정통속상한론重訂通俗傷寒論》에 "방사를 지나치게 하여 정精을 손상시키고 난 뒤에 갑자기 찬바람을 쐬거나, 여름에 방사를 하고 나서 함부로 서늘한 곳에서 누워 바람을 쐬고 이슬을 맞음으로써 발생한다"고 나온다. 한편 '상한傷寒' 증상이 있는 사람이 성생활로 병이 더 심해진 경우'를 말하기도 한다.

수염을 불에 데워 머리에 붙이면 좋아진다.

○ **이청의 설명**

《본초강목》에서 "일명 각채殼菜라고도 하고 해폐海蜌라고도 하며 동해부인東海夫人이라고도 한다"라고 하였고, 진장기가 말하기를 "한쪽 끝이 뾰족하며, 중간에 가는 털이 조금 붙어 있다"라고 하였으며, 일화자日華子[19]가 말하기를 "모양은 단아하지 않아도 사람에게 매우 유익하다"[20]라고 하였다. 지금 말하는 홍합이 바로 이것이다.

소담채小淡菜

【민간에서 부르는 이름은 '봉안합鳳安蛤'이다.】

길이는 3치를 넘지 않는다. 담채와 비슷하나 조금 더 길다. 가운데 부분이 꽤 넓어서 그 때문에 살이 크고 맛이 뛰어나다.

---

19 6세기 경 중국 당나라의 본초학자로 알려져 있는 인물로, 성은 대大, 이름은 명明이다. 《일화자제가본초日華子諸家本草》라는 본초서를 지었다고 하나 현전하지 않는다.
20 《본초강목》의 내용, 진장기의 언급, 일화자의 언급이 모두 《본초강목》 권46 '담채' 항목에 나온다.

적담채赤淡菜

【민간에서 부르는 이름은 '담초합淡椒蛤'이다.】

크기는 담채와 같고 껍데기의 겉과 속이 모두 붉은색이다.

기페箕蚌

민간에서 부르는 이름은 '기홍합箕紅蛤'이다.

큰 것은 지름이 5~6치다. 생김새는 키[箕]와 같고, 평평하고 넓으나 두껍지는 않다. 실 가닥처럼 생긴 세로무늬가 있다. 색깔은 붉은색이다. 털이 있어 돌에 붙어 있다. 또 돌에서 떨어져 나와 헤엄쳐 다닐 수 있다. 맛은 달고 깔끔하다.

호蠔

모려牡蠣
【민간에서 부르는 이름은 '굴掘'이다.】

큰 것은 지름이 1자 남짓이다. 합처럼 양쪽이 합쳐진다. 몸통은 정해진 모양이 없으니 혹 구름 조각 같다. 껍데기는 매우 두꺼운데 마치 종이가 겹겹이 서로 겹쳐 있는 것처럼 붙어 있다. 껍데기의 겉 부분은 거칠지만 안쪽 부분은 매끄럽고 색깔은 눈처럼 흰색이다. 한쪽 껍데기가 돌에 붙어 있고 다른 한쪽 껍데기는 그것을 위에서 덮는다. 소금기 있는 진흙에 있는 것은 돌에 붙어 있지 않고 진흙 속에 떠서 이리저리 다닌다. 맛은 달고 좋다. 껍데기를 갈아서 바둑알을 만든다.

○ 이청의 설명
《본초강목》에서는 "모려는 일명 여합蠣蛤이라고도 한다"라고 하였고, 《명의별록名醫別錄》[21]에서는 "모합牡蛤이라고도 한다"라고 하였으며, 《이물지》에서는 "고분古賁"이라 칭하였으

---

21 중국 한漢나라 때의 본초서로 알려져 있으나 편찬자는 미상이다. 남북조시대 본초학자인 도홍경陶弘景(456~536)이 이 책과 《신농본초경神農本草經》을 증보하여 편찬한 《본초경집주本草經集注》가 유명하다.

니 모두 호려를 말하는 것이다.

소려小蠣

지름이 6~7치다. 생김새는 모려와 비슷하지만 껍데기가 얇다. 위 껍데기 등에 거친 까끄라기가 줄을 지어 나 있다. 모려는 큰 바다에 물살이 센 곳에서 나는데, 소려는 포구의 매끄러운 돌에서 나니 이것이 다른 점이다.

홍려紅蠣

큰 것은 3~4치다. 껍데기가 얇다. 색깔은 붉은색이다.

석화石華

【민간에서 부르는 이름을 따랐다.】

크기는 1치를 넘지 않는다. 껍데기는 튀어나와 있고 얇다. 색깔은 검은색이다. 껍데기 안쪽 면은 매끄럽고 흰색이다. 돌과 바위에 붙어 있어 쇠로 만든 송곳을 써서 채취한다.

○ 이청의 설명

곽박의 〈강부〉에 "토육과 석화"라고 하였고, 이선이 《임해수토물지》를 인용하여 주석을 달면서 "석화는 돌에 붙어살며 살을 기른다"라고 하였으니 바로 이것을 말한다. 또 한보승

韓保昇[22]이 "운려螺蠣는 형체가 짧아서 약에 넣지 않는다"라고 하였는데 이 또한 석화를 가리키는 것 같다.

통호桶蠔

【민간에서 부르는 이름은 '굴통호屈桶蠔'다.】

큰 것은 껍데기의 지름이 1치 남짓이다. 입이 둥글어 통과 같이 생겼고 뼈처럼 단단하다. 높이는 몇 치고 두께는 3~4푼이다. 아래쪽에 바닥이 없고 위쪽으로 점점 줄어들다가 꼭대기에 구멍이 있다. 살펴보면 뿌리에 있는 빽빽한 구멍은 벌집처럼 겨우 바늘이 들어갈 정도고 뿌리가 석벽에 붙어 있다. 속에 아직 완성되지 않은 두부처럼 생긴 살이 숨어 있다. 위로는 승려의 뾰족한 두건[尖巾] 같은 것을 이고 있다.【방언으로 곡갈曲葛이라 한다.】두 개의 판이 있는데 조수가 밀려오면 판을 열어서 조수를 받아들인다. 통호를 캐는 사람이 철로 만든 송곳으로 빠르게 치면 통이 떨어져나가고 살만 남아 칼로 살을 도려낸다. 만약 송곳으로 치기 전에 통호가 알아차리면 차라리 가루가 될지언정 떨어져 나가지 않는다.

---

22 중국 오대五代 후촉後蜀의 의학자다. 《촉본초蜀本草》를 편찬했다.

오봉호五峯蠔

【민간에서 부르는 이름은 '보찰굴寶刹掘'이다.】

큰 것은 너비가 3치 정도다. 다섯 개의 봉우리가 평평하게 늘어서 있다. 바깥에 있는 두 개의 봉우리는 낮고 작으며 다음 두 개의 봉우리를 둘러싸고 있다. 이 다음에 있는 두 개의 봉우리가 가장 크고 가운데 봉우리를 둘러싸고 있다. 가운데 봉우리와 가장 작은 봉우리들은 모두 두 개가 합쳐져 껍데기가 된다. 색깔은 황흑黃黑색이다. 봉우리의 뿌리는 껍질로 주위가 싸여 있다. 껍질은 유자와 같고 촉촉하며 윤기가 난다. 돌 틈의 좁고 지저분한 곳에 뿌리를 꽂아서 바람과 파도를 막는다. 속에는 살이 있는데 살 또한 붉은색의 뿌리와 검은 수염을 가지고 있다.【수염은 물고기의 아가미[閣鰓]와 같다.】조수가 밀려오면 큰 봉우리를 열고서 수염으로 이것을 받아들인다. 맛이 달다.

○ **이청의 설명**

소송이 말하기를 "모려는 모두 바위에 붙어서 나고, 방처럼 연결되어 포개져서 나는데, 이것을 '여방蠣房'이라 한다. 진안晉安 사람들은 '호보蠔莆'라 부른다. 처음에는 단지 주먹만 한 돌과 같다가 사면이 조금씩 커져서 1~2길까지 자라 산처럼 우뚝한 모양이 되는데, 민간에서는 '호산蠔山'이라 부른다. 방한 개마다 살이 한 덩이씩 있고, 큰 방은 말굽만 하며, 작은 방은 사람 손가락의 면만 하다. 매번 조수가 이를 때마다 방을 모두 열어서 작은 벌레가 들어오면 닫아 버려서 배를 채운다."[23] 라고 하였다. 지금 말하는 오봉호가 바로 여산蠣山이다.

석항호石肛蠔

【민간에서 부르는 이름은 '홍미주알紅末周軋'이다.】

생김새는 오랫동안 설사한 사람의 삐져나온 항문[脫肛]과 같다. 색깔은 청흑색이다. 돌 사이의 조수가 미치는 곳에 뿌리내리고 있다. 타원형이고 돌에 따라 다른 모양을 가지고 있다. 다른 동물이 공격하면 오그라들어 작아진다. 내장이 호박[南瓜]의 속과 같다. 육지 사람들은 국을 끓여 먹는다고 한다.

석사石蛇

크기는 작은 뱀과 같다. 똬리를 튼 모습 또한 뱀과 같다. 몸통은 모려와 비슷하고 껍데기 가운데 부분이 대나무처럼 비어 있으며 콧물이나 가래 같은 것이 있다. 색깔은 연한 붉은색이다. 깊은 물속에 있는 돌의 벽에 붙어 있다. 어디에 사용하는지 듣지 못하였다.

---

23 《본초강목》권46 '모려' 항목에 나오는 내용이다.

보통 돌에 붙어서 움직이지 않는 것을 '호蠔'라고 부른다. 알에서 태어난다.

○ **이청의 설명**

도홍경은 《본초강목》에서 "모려는 백 살 먹은 수리[雕]가 변한 것이다"라고 주석을 달았고, 또 "도가道家의 방술에서는 왼쪽으로 돌아보는 것[左顧]을 수컷으로 여겼으므로 모려라 하고, 오른쪽으로 돌아보는 것은 빈려牝蠣라 한다. 혹은 머리가 뾰족한 것을 좌고左顧로 여기는데, 어떤 것이 옳은지 상세하지 않다"라고 하였다. 구종석이 말하기를 "모牡는 수컷을 말하는 게 아니다. 또 모란[牡丹]의 경우에서 보듯 어찌 빈단牝丹이 있겠는가? 이 동물은 눈이 없는데, 더욱이 어찌 돌아볼 수 있겠는가?"라고 하였다. 이시진은 "방합에 속하는 것들은 모두 태생胎生이거나 난생卵生이다. 그런데 유독 이 종류만은 변해서 생겨나 순전히 수컷만 있고 암컷은 없으므로 모려라는 이름을 얻었다"[24]라고 하였다. 그러나 지금 호에 속하는 종류는 난생의 방법이 있는데 민간에서는 난생하면 살이 여윈다고 칭하니, 반드시 모두 변화하여 생겨난[化生] 것은 아니다.

---

24 도홍경의《본초강목》주석 및 구종석과 이시진의 말이 도두《본초강목》권46 '모려' 항목에 나오는 내용이다.

라螺

보통 라사螺蛳에 속하는 종류는 모두 껍데기가 돌처럼 단단하고 겉은 거칠며 안쪽은 매끄럽다. 꼬리 부분의 봉우리부터【봉우리가 비록 위에 있지만, 라의 경우에는 꼬리 부분이다.】왼쪽으로 3~4바퀴 골이 둘러져 있는데 작은 골에서 시작해 커진다. 꼬리 부분의 봉우리는 뾰족하고 튀어나와 있지만 머리의 기슭은 널찍하고 크다.【기슭이 아래에 있지만 머리라고 하는 것은 라의 경우에는 그 부분이 머리이기 때문이다.】골이 끝나는 곳에 둥근 구멍이 있다.

구멍에서 봉우리에 이르기까지 빙글 돌면서 굴이 되는데 바로 라의 집이다. 라의 몸통은 그 집과 같다. 머리는 널찍하고 꼬리로 갈수록 점점 작아지는데, 새끼를 꼰 것처럼 구불구불 둘러 있고 단단하게 무리를 이루어 방 안 가득 차 있다. 다닐 때면 구멍으로 삐져나와 몸은 안에 두고 등에 껍질을 지고 다닌다. 멈출 때면 몸을 오그라뜨리고 둥근 덮개를 머리에 이고서 문을 닫는다.【둥근 덮개는 자흑색이고 두께는 얇은 개 가죽과 같다.】파도를 따라 떠다니고 헤엄쳐 다니지는 못한다. 꼬리가 내장인데 청흑색이거나 황백색이다.

해라海螺

큰 것은 그 껍데기의 높이와 너비가 각각 4~5치다. 걸 부분은 노각처럼 자잘한 돌기가 있는데 골과 언덕을 따라 꼬리에서부터 머리까지 나란히 양쪽으로 줄지어 있다. 색깔은 황흑색이다. 안쪽 면은 매끈하고 광택이 나며 적황색이다. 맛은 복어鰒처럼 달고 삶아 먹거나 구워 먹을 수 있다.

○ 이청의 설명

《본초도경本草圖經》에서 "해라는 곧 유라流螺고 껍질은 갑향甲香이라 한다"라고 하였고, 《교주기交州記》[25]에서는 '가저라假猪螺'[26]라고 하였으니, 바로 해라다.

검성라劒城贏

【민간에서 부르는 이름은 '구죽仇竹'이다.】

큰 것은 그 껍데기의 높이와 너비가 각각 5~6치다. 문밖에 나선형 골이 끝나는 곳에서 가장자리 경계를 둘러서 성을 만드는데 마치 칼날처럼 날카롭다. 문에서부터 곧게 골 하나가

---

25 중국 진晉나라 때 유흔기劉欣期의 저술로 알려져 있으나 어떤 책인지는 알려져 있지 않다. 여러 문헌에 인용된 일문逸文을 살펴볼 때, 다양한 동식물에 대한 사항을 정리한 책으로 생각된다.
26 《본초강목》권46 '해라海贏' 항목에 나오는 내용이다.

나와 있다. 안쪽의 골과 언덕은【골과 언덕은 안쪽과 바깥쪽이 있다.】점차 줄어들어 뾰족하게 뿔이 된다. 뿔의 끝부분 또한 날카롭고 예리하다. 바깥쪽의 골과 언덕 또한 높고 튀어나와 있다. 이를 갈고 다듬어서 술잔이나 등잔을 만든다.

소검라小劒螺

【민간에서 부르는 이름은 '다사리多士里'다.】

검성라 중에 작은 것이다. 몸통은 조금 길지만 뿔은 조금 짧다. 오이와 같은 돌기가 조금 튀어나와 있다. 큰 것은 높이가 3치 정도다. 색깔은 흰색 또는 검은색이며 속은 황적색이다. 맛은 달지만 매운 기가 있다.

양첨라兩尖螺

소검라에 속하는 종류다. 꼬리와 뿔이 더 뾰족하고 바깥의 문은 조금 좁다.【바깥의 문은 안쪽의 문과 바깥의 성 둘레 가운데 있는 초입의 큰 구멍이다.】골과 언덕이 모두 예리하고 모났다.

평봉라平峯螺

큰 것은 지름이 2~3치고 높이 또한 이와 같다. 꼬리의 봉우리는 넓고 평평하다. 나선의 골은 세 바퀴에 불과하며 넓은 형세가 매우 급하다. 때문에 머리와 기슭이 자못 크고 골과 언덕은 매끄럽고 넓다. 오이와 같은 자잘한 돌기가 없다. 겉은 황청색이고 안쪽은 청백색이다. 얕은 물에 있고 모래를 파서 몸을 숨긴다.

우각라牛角螺

【민간에서 부르는 이름은 '타래라他來螺'다.】

큰 것은 높이가 2~3치다. 생김새는 소의 뿔과 비슷하며 나선의 골이 6~7바퀴 둘러 있다. 오이와 같은 자잘한 들기가 없고 가죽과 종이가 구겨져서 생긴 무늬와 같은 무늬가 있다. 안쪽은 흰색이다.

창대가 말하기를 "산 속에도 이 동물이 있는데 큰 것은 높이가 2~3자다. 때때로 소리를 내어 몇 리 밖에서도 들을 수 있다. 소리를 따라 가면 소리가 또 다른 곳에서 나니 정확한 곳을 찾을 수 없다"라고 하였다. 내가 이전에 찾아보았지만 찾을 수 없었다. 지금 군대에서 사용하는 취라吹螺[27]가 바로 이것이다.

---

[27] 소라 따위로 만든 나팔.

○ 이청의 설명

《본초도경》에서 "사미라梭尾螺는 모양이 북[梭]과 같은데, 지금 불자들이 나팔을 부는 데에 쓴다"[28]라고 하였다. 지금 말하는 우각라가 바로 이것이다. 취라는 본래 남만南蠻[29] 지역의 풍속인데 우리나라는 군대에서 사용한다.

추포라麤布螺

【민간에서 부르는 이름은 '참라參螺'다.】

높이는 1치 남짓이고 둘레는 2치가 약간 안 된다. 꼬리의 봉우리는 그다지 뾰족하게 줄어들지는 않고 머리와 기슭은 널찍하고 크다. 골과 언덕은 거친 베 무늬를 이루고 있다. 회색이면서 자색이 띠처럼 둘러 있고 안쪽은 청백색이다.

명주라明紬螺

【민간에서 부르는 이름을 따랐다.】

추포라에 속하는 종류다. 골과 언덕이 명주 무늬를 이루고 있다. 색깔은 청흑색이다. 고기는 추포라가 연한 반면 명주라는 질기니 이 점이 다르다.

---

28 《본초강목》권46 '해라' 항목에 나오는 내용이다.
29 예전에 중국에서 '남쪽의 오랑캐'라는 뜻으로 중국의 남쪽 지방에 사는 민족을 낮잡아 이르던 말이다.

거라炬螺

【민간에서 부르는 이름을 따랐다.】

이 또한 추포라에 속하는 종류다. 꼬리의 봉우리가 약간 뾰족하고 머리와 기슭은 조금 작기 때문에 높이가 조금 높다. 바깥쪽은 자주색이다. 살은 꼬리에 모래가 있으니 이것이 다른 점이다. 보통 라螺를 잡는 방법은 밤에 햇불을 밝히면 낮에 잡는 것보다 낫다. 이 거라가 가장 많아서 햇불을 밝히면 더욱 많이 잡을 수 있기 때문에 '거라'라는 이름을 얻었다.

백장라白章螺

【민간에서 부르는 이름은 '감상라甘甞螺'다.】

거라에 속하는 종류다. 꼬리의 봉우리가 더욱 뾰족하고 머리와 기슭은 더욱 작으며 크기는 1치를 넘지 않는다. 회색이면서 흰 무늬가 있다. 골과 언덕 위에 또 실 가닥 같은 가느다란 골이 또 있으니 이것이 거라와 다른 점이다. 또한 개체수가 가장 많다. 명주라와 함께 모두 물이 얕은 곳에 있다.

철호라鐵戶螺

【민간에서 부르는 이름은 '다억지라多億之螺'다.】

명주라에 속하는 종류다. 껍데기의 무늬가 조금 거칠다. 색깔은 황홍黃紅색이다. 보통 소라의 둥근 덮개는 모두 흰 종이처럼 얇고 마른 잎처럼 약하다. 그런데 오직 철호라의 덮개는 반으로 갈라진 콩처럼 가운데 부분이 튀어나오고 가장자리는 두꺼워서 쇠처럼 단단하다. 이 점이 다르다.

행핵라杏核螺

크기는 살구씨 정도에 불과하고 생김새 역시 비슷하다. 꼬리의 봉우리는 조금 나와 있고 색깔은 흰색이면서 붉은색이다.

예봉라銳峯螺

크기는 7~8푼을 넘지 않는다. 꼬리의 봉우리는 뾰족하고 예리하게 툭 튀어나와 있으며 머리와 기슭은 좁고 작다. 색깔은 자주색 또는 회색이다.

보통 라사는 혹 해蟹가 자신의 집처럼 사용하는 경우가 있다. 오른쪽 다리와 집게발은 다른 게와 마찬가지지만 왼쪽 부분에는 다리가 없고 라의 꼬리와 이어지니 다닐 때면 껍데기를 지고 다니고 멈추면 집으로 들어간다. 다만 둥근 문이 없을 뿐이다. 맛 또한 해와 같은데 꼬리는 라와 같은 맛이다. 어떤 사람들은 라사 종류 가운데 이 하나의 종이 있다고 한다. 그러나 라의 여러 종들은 모두 때로 해를 붙어살게 할 수 있으니 반드시 별도로 이러한 종이 있는 것은 아니다.

창대가 말하기를 "해가 라사를 먹고 변하여 라가 되어 그 안에 들어가 사는 것이다. 라의 기운이 이미 다 사라졌기 때문에 혹 마르고 문드러진 껍데기를 지고 다니는 것이 있다. 만약 원래부터 껍데기 속에 있던 동물이라면 몸이 죽지 않았는데 껍데기가 먼저 상하는 것은 없을 것이다"라고 하였다. 이 말 또한 이치가 있는 것 같지만 반드시 믿을 수도 없으니 의심나는 것을 일단 적어둔다.

○ **이청의 설명**

해蟹라는 동물은 본래 다른 종족에게 붙어사는 경우도 있기 때문에 방蚌(조개)의 배에서 사는 것도 있다. 이시진이 "여노다. 기거해라고도 한다"[30]라고 말한 것이 바로 이것이다. 【위의 '합蛤' 항목에 나온다.】[31]

쇄길璅蛣의 배에서 사는 것도 있다. 곽박의 〈강도부〉에서 "쇄길의 배는 해다"라고 하였고,《송릉집松陵集》[32]의 주석에서 "쇄길은 방과 비슷하다. 배에 작은 해가 있는데 쇄길을 위해 먹을 것을 구해오니, 해가 혹 오지 않으면 굶어죽기 때문

---

30 《본초강목》권45 '해' 항목에 나오는 내용이다.
31 앞에서 설명한 '해복합蟹腹蛤' 항목에 동일한 내용이 나온다.
32 중국 만당晩唐시대의 시인 피일휴皮日休(838?~883?)와 육구몽陸龜蒙(?~881?)이 서로 수창酬唱(시를 주고받으며 읊는 것)한 시를 모은 책이다. 10권으로 이루어져 있고 약 600여 수가 수록되었다. 인용 부분은 피일휴가 지은 〈병중유인혜해해전기노망病中有人惠海蠏轉寄魯望〉(《송릉집》권6) 제6구의 주석에 나온다.

에 '해노蟹奴'라고 부른다"라고 하였으며, 《한서》〈지리지〉회계군會稽郡 항목의 '길기정鮚埼亭'에 대한 주석에서 안사고顔師古가 "길鮚은 길이가 1치고 너비는 2푼이며 한 마리 작은 게가 그 배 속에 있다"라고 한 것이 모두 이를 말한다.

쇄길은 또한 '해경海鏡'이라고도 한다. 《영표록이》에서 "해경은 두 개의 조각이 합쳐져 모양을 이루고 껍질은 둥글며 속은 매끈하고 반질반질하다. 속에는 방의 태胎와 같은 살이 있다. 배에 홍해紅蟹의 새끼가 있는데 크기는 누런 콩만큼 작고 집게발이 있다. 해경이 배가 고프면 해가 빠져나와 먹이를 먹고서 배부른 상태로 해경의 배에 들어가면, 해경 또한 배불리 먹게 된다"라고 하고, 《본초강목》에서 "해경은 일명 경어鏡魚라고도 하고, 쇄길이라고도 하고, 고약반膏藥盤이라고도 한다. 껍질은 거울처럼 둥글고, 햇빛에 비추어 보면 운모석[雲母]처럼 빛난다. 붙어사는[寄居] 해가 있다"[33]라고 한 것이 모두 이것이다.

또 《박물지》에서 "남해에 이름이 '괴蒯'인 수충水蟲이 있는데 합에 속하는 종류다. 그 안에 작은 해가 있는데 크기가 느릅나무 꼬투리만 하다. 괴가 껍데기를 열고 먹이를 먹으면 해 또한 나와서 먹이를 먹고, 괴가 껍데기를 닫으면 해 또한 다

---

33 《본초강목》의 내용뿐만 아니라 《영표록이》의 언급까지 모두 《본초강목》 권46 '해월海月' 항목에 나온다.

시 들어오는데 괴를 위해 먹이를 가지고 돌아오는 것이다'라고 하였는데 이것이 해경이 아닌가 한다.

'라'라는 동물 중에 혹 껍데기를 벗어놓았다가 다시 들어오는 것이 있다. 때문에 《습유기拾遺記》에서는 "함명含明이라는 나라에 큰 라가 있는데, 이름이 '나보'다. 껍데기를 벗고 맨몸으로 다니다가 차가우면 다시 껍데기로 들어온다"라고 하였다. 바로 이것이다. 이 라의 껍데기 안에 또한 붙어사는 동물이 있다. 《이원異苑》[34]에서 "앵무라鸚鵡螺는 모양이 새와 비슷하고 항상 껍데기를 벗어놓고 다닌다. 아침에 껍데기에서 나가면 거미와 같은 벌레가 그 껍데기 안으로 들어온다. 라가 저녁에 돌아오면 이 벌레는 나간다. 유천庾闡이 말한 '앵무는 안에서 놀고 기거해가 껍데기를 진다'는 것이다"라고 하였다. 《본초습유》에서 "기거충寄居蟲은 라의 껍데기 사이에 있지만, 라는 아니다. 라나 합이 껍데기를 열면 곧바로 스스로 나와서 먹이를 먹고, 라나 합이 껍데기를 닫으려 하면 이미 껍데기 속으로 들어가 있다. 대부분의 바다 생물에 기생하고 있다. 또 남해에 있는 어떤 종은 거미와 비슷한데, 라의 껍데기 속으로 들어가서 라의 껍데기를 지고 달린다. 무엇에 닿으면 라처럼 곧바로 움츠러들며, 불에 구우면 곧 빠져나온다. '정蜻'이라고

---

[34] 중국 남조南朝 송나라 때 인물인 유경숙劉敬叔(생몰년 미상)이 편찬했다고 전하는 지괴소설집이다.

도 한다"**35**라고 하였다. 곧 라의 비어 있는 방은 대부분의 바다 생물이 기거하는 곳이다. 대개 해는 본래 붙어살기를 좋아하고 라는 이를 받아들일 수 있으니, 이것의 집에 저것이 기거하는 것은 이치상 의심할 것이 없다. 다만 해의 몸통에 라의 꼬리는 또 하나의 특별한 예다.

---

35 《본초강목》 권46 '기거충寄居蟲' 항목에 나오는 내용이다.

율구합 栗毬蛤

율구합 栗毬蛤
【민간에서 부르는 이름을 따랐다.】

큰 것은 지름이 3~4치다. 고슴도치와 같은 털이 있다. 가운데 부분은 밤송이 같은 껍데기가 있으며 다섯 개의 판이 원을 이룬다. 다닐 때면 온몸의 털이 모두 꿈틀꿈틀 움직이면서 흔든다. 꼭대기에는 손가락이 들어갈 만한 입이 있다. 방 가운데에는 소의 기름처럼 생긴 알이 있는데 엉기지 않았으며 누런색이다. 또한 다섯 개의 판 사이사이에 털을 품고 있으며 껍데기는 모두 검다. 껍데기는 무르고 연하여 쉽게 부서진다. 맛이 달다. 날로 먹기도 하고 국을 끓여 먹기도 한다.

승율구 僧栗毬

털이 짧고 가늘고 색깔이 누런색이라는 점이 다르다.

창대가 말하기를 "이전에 어떤 율구합 한 마리의 입에서 새가 나오는 것을 보았는데 머리와 부리가 이미 이루어졌고 머리에서 이끼와 같은 털이 자라려고 하였다. 죽은 것이 아닌가 싶어 건드려 보았더니 이내 평소처럼 움직일 수 있었다. 비록 그 껍데기 속의 생김새는 보지 못하였지만 요컨대 이것이 변하여 청작青雀이 되는 것이다. 사람들이 이것이 변하여 새가 된다고 하였으니 민간에서 말하는 '율구조栗毬鳥'가 바로 이것이다"라고 하였다. 지금 이 말을 증험해보니 과연 그러하다.

귀배충龜背蟲

귀배충龜背蟲

【민간에서 부르는 이름은 '구음법九音法'이다.】

생김새는 거북이 등과 비슷하고 색깔 또한 비슷하다. 다만 등껍데기가 비늘로 이루어져 있다. 크기는 거머리와 같고 다리가 없어서 '복'처럼 배로 다닌다. 돌 사이에서 나는 것은 크기가 쇠똥구리처럼 작다. 삶아서 비늘을 제거한 뒤에 먹는다.

풍엽어 楓葉魚

풍엽어楓葉魚

【민간에서 부르는 이름은 '개부전開夫殿'이다.】

큰 것은 지름이 1자다. 유자 껍질과 같은 껍질을 가지고 있다. 귀퉁이에 있는 뿔은 정해진 것이 없어서 세 개가 나오기도 하고 네 개가 나오기도 하며 심지어 까치콩 이파리[藊葉]처럼 예닐곱 개가 나오기도 한다. 두께가 사람의 손과 같다. 색깔은 청벽靑碧색이고 매우 선명하다. 가운데에 붉은 가닥으로 무늬를 이루고 있는데 이 또한 매우 선명하다. 배는 누런색이고 입이 배 가운데에 있다. 뿔 끝부분에 모두 장어章魚(문어)의 빨판같이 가느다란 돌기가 있는데 돌에 붙기 위한 것이다. 배 안에는 내장이 없고 호박의 속처럼 생겼다. 바위나 돌에 붙어 있기를 좋아한다. 하늘에서 비가 내리려 하는데 실제로 비가 오지 않으면 단지 하나의 뿔만 붙인 채 몸을 뒤집어 아래로 늘어뜨린다. 바다 사람들이 이를 보고 비를 점친다. 어디에 사용하는지는 듣지 못하였다.

세 개의 뿔을 가진 것은 물의 밑바닥을 떠나지 않는다. 지름은 혹 3~4자고 뿔이 길게 나와 있으며 몸체는 매우 작다. 등은 두꺼비의 등과 비슷하고 콩알 같은 것들이 이리저리 퍼져 있다. 진황색과 진흑색이 서로 섞여서 얼룩무늬를 이룬다.

○ **이청의 설명**

이것은 바로 해연海燕이다. 《본초강목》에 '해연海燕'은 '개부介部'에 수록되어 있다. 이시진이 말하기를 "생김새는 납작하고 표면은 둥글다. 등 표면은 청흑색이고, 배 아래는 희고 무르며 대자리[簟齒] 같은 무늬가 있다. 입은 배 아래에 있고 입 주변에 갈고리 모양으로 생긴 것이 다섯 개 있는데, 이것이 다리다. 《임해수토기臨海水土記》에서는 '양수족陽遂足은 바닷속에서 산다. 청흑색이고 다섯 개의 발이 있다. 머리와 꼬리의 위치는 알지 못한다'라 하였는데 바로 이것이다"[36]라고 하였다.

---

36 《본초강목》권46 '해연' 항목에 나오는 내용이다.

권3 기타 바다 생물[雜類]

해충 海蟲

해조 海蚤

크기는 밥알만 하다. 뛰어오를 수 있고 하蝦(새우)와 비슷하지만 수염이 없다. 항상 물 아래에 있고 죽은 물고기를 만나면 그 배 속으로 들어가 무리를 이루고 먹는다.

선두충 蟬頭蟲

【민간에서 부르는 이름은 '개광귀 開江鬼'다.】

길이는 2치쯤이다. 머리와 눈이 매미를 닮았고 두 개의 긴 수염이 있다. 등의 껍데기는 하와 비슷하고 꼬리는 갈라져 있는데 갈라진 끝이 또 갈라져 있다. 여덟 개의 발이 있고 배 가운데에 선위蟬緌처럼 생긴 두 개의 가지가 나와 있어서 알을 품는다. 달릴 수도 있고 헤엄칠 수도 있기 때문에 물과 육지에서 모두 날래다. 색깔은 담흑淡黑색이고 광택이 난다. 항상 소금기 있는 땅의 돌 사이에 있고 하늘에서 큰 바람이 불려고 하면 사방으로 흩어져 떠다니니 토박이들이 이것을 보고 바람을 점친다.

해인海蚓

길이는 2자쯤이다. 몸통은 둥글지 않고 편편해서 오공蜈蚣(지네)과 비슷하다. 가늘고 작은 다리가 있고 이빨이 있어서 물 수 있다. 소금기 있는 땅의 모래와 돌 사이에서 나는데 잡아서 물고기 미끼로 쓰기 매우 좋다.

해추제海蝤蠐

【민간에서 부르는 이름은 '소素'다.】

머리는 큰 콩과 같고 머리 아래로는 겨우 형체만 이루고 있으며 생김새는 흡사 콧물과 같다. 머리는 매우 단단하고 입과 입술은 칼과 같아서 벌렸다 닫았다 할 수 있다. 추제蝤蠐(나무굼벵이)처럼 배의 널빤지를 먹는다. 민물을 만나면 죽고 조수가 빠르고 급한 곳에서는 앞으로 나아가지 못해서 대부분 웅덩이처럼 고인 물에 있다. 그렇기 때문에 동해의 뱃사람들이 이것을 매우 두려워한다. 큰 바다 가운데에서 혹 벌이나 개미의 무리처럼 떼 지어 있기도 한데 배가 혹시라도 그 무리를 만나면 재빠르게 배를 돌려 피한다. 또 배의 널빤지를 자주 훈연하면 침입할 수 없다.

해금 海禽

노자 鸕鷀
【민간에서 부르는 이름은 '오지烏知'다.】

크기는 기러기와 같고 색깔은 까마귀와 같다. 털은 매우 촘촘하게 나 있으며 짧다. 머리와 꼬리와 다리가 모두 까마귀와 같다. 뺨에 닭처럼 흰털이 둥글게 있다. 윗부리가 길고 작은 화살처럼 굽어 있다. 그 끝이 매우 날카로워서 물고기를 잡으면 윗부리로 물고기 살에 구멍을 뚫어 부리에 끼운다. 이빨은 칼과 같고 발은 오리와 같아서 물에 잠수하여 물고기를 잡는데 수십 번 숨을 쉴 시간 동안 물 밖으로 나오지 않을 수 있다. 또 매우 힘이 세니 진정 물고기 잡는 매[鷹]다. 밤에는 절벽에서 자고 인적이 닿지 않는 곳에서 알을 품는다. 맛은 달지만 약간 누린내가 난다. 온몸에 기름이 많다.

작은 것은 머리가 조금 뾰족하고 부리는 더욱 크며 뺨에 둥근 흰 털이 없다. 물고기 잡을 때 맹금류가 가지고 있는 용맹함은 큰 것에 비해 조금 떨어진다.

○ 이청의 설명

《이아》〈석조〉에 "자鷀는 일鷁이다"라고 나와 있고, 곽박의 주에서는 "노자다"라고 하였으며, 《정자통》에서는 "민간에서는 '자로慈老'라 부른다"라고 하였다. 《본초강목》에서는 "일명 수로아水老鴉라고 한다"라고 하였다. 이시진이 말하기를 "역鶂(거위)과 비슷하지만 작고 흑색이다. 또한 아鴉(갈까마귀)와 비슷하기도 한데 부리가 길고 조금 구부러져 있으며, 잠수하여 물고기를 잡기를 잘한다. 두보杜甫의 시에 '집집마다 가마우지[烏鬼]를 기른다'라고 하였는데, 혹 이것을 말하는 것 같다"라고 하였다.【그 똥을 '촉수화蜀水花'라고 한다.】 또 노자는 태생으로 새끼를 토해낸다고도 하는데 구종석이 난생이라고 명확히 밝혔다.[1]【이 이야기도 《본초강목》에 나온다.】 여기에서 말하는 오지조烏知鳥는 명백히 노자다.

수조水鵰

육지에 사는 수리[鵰]와 다름이 없지만 한쪽 발은 매와 비슷하고 다른 한쪽 발은 오리와 비슷하다.

해구海鷗

흰 것은 형색이 강이나 바다에서 사는 것이 모두 동일하다. 누런 것은 조금 크고 색은 희면서 누런 윤기가 난다.

---

1 《본초강목》권47 '노자' 항목에 나오는 내용이다.

검은 것은【민간에서는 '걸구乞ဂ'라 부른다.】등 위가 옅은 검은색이다. 밤에 물가에 있는 돌 위에서 자고 닭이 울면 또한 따라서 우는데 그 소리가 노래와 비슷하다. 밤새도록 쉬지 않고 울다가 날이 밝으면 물 위를 달린다.

작연鵲燕

【민간에서 부르는 이름은 '존지락存之樂'이다.】

크기는 메추라기와 같고 생김새는 제비와 비슷하며 꼬리와 날개는 모두 짧다. 까치처럼 등은 검은색이고 배는 흰색이다. 알의 크기는 닭과 같고 때로 난산하여 죽는다. 큰 바다의 수심이 깊은 곳에서 잠수하고 헤엄칠 수 있어서【보통 물새들은 모두 얕은 물에 있다.】새우를 잡아먹는다. 항상 무인도의 돌 사이에서 서식하고 새벽이 되기 전에 바다로 나간다. 만약 조금이라도 늦으면 사나운 새를 두려워하여 하루 종일 숨어 있다. 알은 먹을 수 있다. 고기는 기름이 많으며 맛이 달고 좋다.

합작蛤鵲

【민간에서 부르는 이름을 따랐다.】

크기는 제비와 같다. 등은 푸른색이고 배는 흰색이며 부리는 붉은색이다. 큰 바다에서 물속으로 잠수하여 물고기를 잡을 수 있다. 바닷사람들이 이 새가 많고 적음을 고기잡이의 풍흉의 증험으로 삼는다.

해수 海獸

올눌수 膃肭獸

【민간에서 부르는 이름은 '옥복수玉服獸'다.】

개와 비슷하고 몸이 크며, 털은 짧고 단단하다. 창흑蒼黑색과 황백색이 여기저기 점찍은 듯이 무늬를 이루고 있다. 눈은 고양이와 비슷하고 꼬리는 당나귀와 비슷하며 발은 또한 개와 비슷하다. 발가락은 오리처럼 나란하고 발톱은 매처럼 날카롭다. 물에서 나오면 말아서 펼 수 없기 때문에 걸을 수 없다. 다닐 때면 누워서 이리저리 구른다. 항상 물 위에 떠 있으며 잘 때면 반드시 언덕 위에 자리하는데 사냥꾼들이 그 틈을 타서 잡는다. 생식기와 고환은 크고 양기를 보충해준다. 그 껍질은 신발, 안장, 주머니 등의 종류를 만들 수 있다.

○ 이청의 설명

《본초강목》에서 "올눌膃肭은 일명 골눌骨訥이라고도 하고 해구海狗라고도 한다. 그 생식기는 일명 해구신海狗腎이라고도 한다"라고 하였다. 구종석이 말하기를 "생김새는 개도 아니고 들짐승도 아니고 그렇다고 물고기도 아니다. 다만 앞다리는 들짐승과 비슷하지만 꼬리는 물고기다. 배와 옆구리 아래

부분은 전부 흰색이다. 몸에는 옅은 청백색의 짧은 털이 촘촘하게 나 있고, 털 위에 짙은 청흑색 점이 있다. 가죽은 쇠가죽처럼 두껍고 질기며 변방의 장수들은 대부분 이것을 가지고 말안장의 깔개로 만든다"[2]라고 하였으니, 바로 이것을 말한다. 우리나라에서는 '해표海豹'라 칭하는데 그 가죽이 표범처럼 얼룩무늬가 있기 때문이다. 견권甄權[3]이 말하기를 "올눌제膃肭臍는 신라의 바다에서 사는 물개[海內狗]의 생식기인데, 고환이 달린 채로 채취한다"라고 하였고, 《당서》〈신라전新羅傳〉에서 "개원開元 연간에 과하마果下馬, 어아주魚牙紬, 해표가죽[海豹皮]을 바쳤다"라고 하였다. 《삼국사기》〈신라본기〉에도 또한 이러한 내용이 실려 있다. 고황의 〈송종형사신라시送從兄使新羅詩〉에서 또한 "수표水豹는 물결에서 피리 소리 내는구나"라고 하였다. 모두 근거가 될 만하다. 그러나 우리나라 사람들 중에 혹 그것을 가리켜 '수우水牛'라고 하는데 이는 매우 잘못된 것이다.

---

2 《본초강목》권41 '올눌수' 항목에 나오는 내용이다.
3 중국 당나라 때의 의학자로, 당 태종이 직접 그의 집을 방문하여 약에 대해 자문을 구했다고 한다. 《고금록험방古今錄驗方》 등을 썼다고 하나 모두 현전하지 않는다.

해초 海草

해조 海藻
【민간에서 부르는 이름은 '말秣'이다.】

길이는 2~3길이다. 줄기는 크기가 힘줄만 하다. 줄기는 가지를 낳고 가지가 또 가지를 낳으며 그 가지가 또 무수한 자잘한 가지를 낳는다. 가지 끝에서 나뭇잎이 나는데 수많은 가닥이 한들한들거리며 가늘고 연약하다. 뿌리를 뽑아 거꾸로 걸면 수많은 가지가 있는 버드나무와 매우 비슷하다. 조수가 밀려오면 파도를 따라 움직이니 마치 춤추는 것 같기도 하고 취한 것 같기도 하다. 조수가 빠지면 갈라지며 쓰러져 이리저리 흩어져 있다. 색깔은 검은색이다.

세 가지 종류가 있다. 가지의 끝에 작은 보리 같은 것이 있고 가운데가 비어 있는 것을 '기름조其廩藻'라고 한다. 가지 끝에 녹두 같은 것이 있고 가운데가 비어 있는 것을 '고동조高動藻'라고 한다. 이 두 가지 종류의 해조는 데쳐 먹을 수 있고 국을 끓여 먹을 수도 있다. 줄기가 조금 강하고 잎이 조금 크고 색깔이 조금 자주색이면서 가지 끝에 대두 같은 것이 있고 가운데가 비어 있는 것을 '대양조大陽藻'라고 한다. 이것은 먹을 수 없다. 10월에 묵은 뿌리[宿根]에서 나고 6~7월에 시들어 떨어진다. 채취해서 말린 후 보리밭에 거름으로 사용한다. 성질이 모두 매우 차가우니 깔아서 자리로 사용하는데 오랠수록 더욱 차가워진다.

보통 해조는 모두 돌에 뿌리를 의탁하는데 의탁하는 곳은 모두 층차가 있어서 서로 뒤섞이지는 않는다. 조수가 빠지면 열을 이루고 있는 띠가 보인다. 해조는 가장 아래에 있는 띠에서 산다.

○ 이청의 설명

《본초강목》에서 "해조는 일명 단薄[4]이라고도 하고, 낙수落首라고도 하며, 해라海蘿라고도 한다"라고 하였고, 도홍경은 "머리카락처럼 검은색이다"[5]라고 하였으며, 손사막孫思邈[6]은 "무릇 세상에서 매우 차가운 성질을 가진 것 중에 조채藻菜보다 더한 것은 없다"라고 하였으니 바로 이것이다. 다만 진장기는 "잎이 큰 해조는 깊은 바닷속이나 신라에서 나고, 잎은 수조水藻와 같으면서 크다. 바다 사람들은 끈을 허리에 묶고 물속으

---

4 '단薄'은 보통 '담' 또는 '심'이라고 읽지만, 《본초강목》에 '음은 단이다[音單]'라고 나와 이를 따랐다.
5 《본초강목》 권19 '해조' 항목에 나오는 내용이다.
6 손사막(581~682)은 중국 당나라 때의 의학자이자 도사로, 당 태종의 초빙을 거절하고 민간에서 의학을 연구하고 진료 활동을 한 인물로 알려져 있다. 저술로 《천금요방千金要方》 30권과 《천금익방千金翼方》 30권이 있다.

로 들어가 채취한다. 5월 이후에는 큰 물고기가 사람을 다치게 하므로 채취할 수 없다"[7]라고 하였으니, 잎이 큰 해조는 우리나라에서 나는 것이다. 그러나 지금까지 들은 적이 없다.

해대海帶

【민간에서 부르는 이름은 '감곽甘藿'이다.】

길이는 1길쯤이다. 하나의 뿌리에서 잎이 나고 그 뿌리의 가운데에 줄기 하나가 서 있으며 줄기에서 날개 두 개가 나온다. 날개의 안은 팽팽하고 겉은 느슨하여 마치 주름져 쌓여 있는 모습이 마치 도장에 새긴 전서체篆書體 글자와 같다. 잎은 수수와 비슷하다. 1~2월에 뿌리에서 나서 6~7월에 채취

---

7 《본초강목》권19, '해조' 항목에 나오는 내용이다.

해서 말린다. 뿌리의 맛은 달고 잎의 맛은 담백하다. 아이를 낳은 여자의 여러 질병을 치료하는 데 이것보다 좋은 것은 없다. 해조와 같은 띠에서 산다.

○ 이청의 설명

《본초강목》에서 "해대는 해조와 비슷하면서 거칠고, 부드러우면서 질기고 길다"라고 하였고, 또 "출산을 촉진시키고 부인의 질병을 치료한다"[8]라고 하였으니 바로 이것이다.

해대를 가리켜 '감곽'이라고 하는 이유는, 감곽이 아이를 낳은 여자에게 가장 적합하고, 해대의 주치主治에 '출산을 촉진시키고 부인의 질병을 치료한다'는 문장[9]이 있기 때문일 뿐이다. 《본초강목》을 살펴보면 "해대는 해조와 비슷하면서 거칠고, 부드러우면서 질기고 길다. 이를 말려서 기물을 묶는 데 쓴다"라고 하였다. 이 내용에 근거하면 감곽이 아님을 분별할 수 있다. 감곽은 얇고 무르고 쉽게 끊어지는데 어찌 기물 묶는 것을 감당할 수 있겠는가? 민간에서 '다사마多士麻'라고 부르는 것이 부드러우면서 질기고 길어서 혹 기물을 묶는 데 사

---

8 《본초강목》권19 '해대' 항목에 나오는 내용이다.
9 《본초강목》은 각 항목마다 교정校正, 석명釋明, 집해集解, 정오正誤, 수치修治, 기미氣味, 주치主治, 발명發明, 부록附錄, 부방附方 등으로 나누어 분별, 서술했다. '해대' 항목은 집해, 기미, 주치 이렇게 3가지 세부 조목을 설정하여 설명했다. '출산을 촉진시키고 부인의 질병을 치료한다'는 내용이 주치에 있다.

용하기도 하는데 길이가 허리띠와 같다. 해대의 '대帶'라는 글자는 그 모양의 유사함에서 취한 것이다. 분별하여 '해대'를 '다시마'로 여기는 것은 명확하여 의심할 것이 없지만 민간에서 '감곽'이라 부르는 것을 본초서에서 어떤 이름으로 부르는지는 알지 못한다. '곤포昆布'라는 한 종류가 성질, 맛, 생김새 측면에서 매우 비슷해서 지금의 감곽을 가리키는 것 같은데 이 또한 명확한 증거가 없다. 《동의보감》에서 '자채紫菜'를 '감곽'이라 한 것은 잘못된 것이다.

가해대假海帶

【민간에서 부르는 이름은 '감곽아자비甘藿阿子比'다.】
매우 무르고 얇으며 국을 끓이면 매우 미끌미끌하다.

흑대초黑帶草

한 종은 해대처럼 검은색이고, 또 다른 한 종은 붉은색이다. 두 종류 모두 내린 뿌리가 매우 작다. 뿌리와 잎에 모두 줄기가 없다. 생김새는 검은 비단의 띠와 같고 길이는 몇 자이다. 그중 한 종류는 길이가 '조대'처럼 2~3길이고 색깔은 검은색이다. 해조와 같은 띠에서 산다.【사용처는 듣지 못하였다.】

적발초赤髮草

돌에 의탁하여 뿌리가 나고 줄기가 난다. 줄기에서 가지가 나고 가지에서 또 가지가 난다. 색깔은 붉은색이다. 수많은 가닥이 지금 민간의 말 장식 상모와 같다. 해조와 같은 띠에서 산다. 사용처는 듣지 못하였다.

지종地騣

【민간에서 부르는 이름을 따랐다.】

길이는 8~9자다. 뿌리 하나에 줄기가 하나다. 줄기는 실처럼 가늘고 거친 털이 있다. 모든 줄기마다 짧은 털이 붙어 있는데 8~9가닥이 위아래로 빽빽하게 붙어 있어 빈틈이 없다. 매번 조수가 빠질 때 바라보면 띠 하나가 모여 무리를 이루고 헝클어진 상태로 힘없이 쓰려져 있어 마치 말갈기와 같다. 색깔은 누런색이다. 해조가 사는 띠의 상층에서 산다. 보리밭에 거름으로 사용한다.

토의채土衣菜

【민간에서 부르는 이름을 따랐다.】

길이는 8~9자다. 뿌리 하나에 줄기가 하나인데, 줄기는 크기가 새끼와 같다. 잎은 인동덩굴의 꽃[金銀花]의 봉오리와 비슷하다. 잎이 시작되는 부분은 가늘고 끝 쪽은 도톰하지만 그 끝은 또다시 뾰족해지고 속은 비어 있다. 지종과 같은 띠에서 산다. 맛은 담백하고 깔끔하다. 데쳐 먹을 수 있다.

해태海苔

뿌리가 있어서 돌에 붙어 있지만 줄기와 가지는 없어서 돌 위에 넓게 퍼져 있다. 색깔은 푸른색이다.

○ 이청의 설명

《본초강목》에 '건태乾苔'라는 항목이 있는데 이시진이 장발張勃의 《오록吳錄》[10]을 인용하여 "강리江蘺는 바닷속에서 사는데 푸르면서 헝클어진 머리카락과 비슷하다"[11]라고 하였다. 모두 해태를 말하는 것이다.

해추태海秋苔

잎의 크기는 상추[萵苣]와 같고 가장자리가 주름지고 오그라들어 있다. 맛은 싱겁고 씹으면 부풀어 올라 입에 가득 찬다. 5~6월에 나기 시작하여 8~9월에 시들기 시작하기 때문에 '추태'라고 이름 붙였다. 지종이 사는 띠의 상층에서 산다.

---

10 중국 오吳나라 지역 출신의 장발이 지었다는 동오東吳 지역의 역사서로 1권이 현전한다.
11 《본초강목》 권21 '건태' 항목에 나오는 내용이다.

맥태麥苔

잎이 매우 길고 가장자리는 넓으며 추태처럼 주름지고 오그라들어 있다. 3~4월에 나기 시작하여 5~6월에 다 자라 성하기 때문에 '맥태'라고 이름 붙였다. 추태와 같은 띠에 산다.

상사태常思苔

잎의 길이가 1자가 넘고 부추처럼 좁으며 대나무의 얇은 막처럼 얇다. 밝고 투명하며 미끌거리고 윤이 난다. 색깔은 심청深靑색이다. 맛은 달고 좋아서 태苔 종류 중에 제일이다. 2월에 나기 시작해서 4월에 시든다. 맥태가 사는 띠의 상층에서 산다.

갱태羹苔

잎은 꽃처럼 둥글게 모여 있고 가장자리가 주름지고 오그라들어 있으며 연하고 미끄럽다. 국을 끓여 먹기에 적합해서 '갱태'라고 이름 붙였다. 상사태와 같은 시기에 나고 같은 띠에서 산다.

매산태苺山苔

누에 실보다 가늘고 소의 털보다 촘촘하며 길이는 몇 자다. 색깔은 청흑색이다. 국을 끓이면 부드럽고 미끌미끌하며 서로 뒤섞여 나뉘지 않는다. 맛은 매우 달고 향기롭다. 갱태보다 조금 이른 시기에 나고 자채가 사는 띠의 상층에서 띠를 이루고 산다.

신경태信經苔

매산태와 대략 비슷한데 조금 거칠고 조금 짧으며 몸통은 조금 꺼칠꺼칠하다. 맛은 싱겁다. 매산태와 같은 시기에 나고 같은 층에서 띠를 이루고 산다.

적태赤苔

생김새는 말의 털과 비슷하고 조금 길다. 색깔은 붉은색이다. 몸통은 조금 꺼칠꺼칠하다. 맛은 싱겁다. 상사태와 같은 시기에 나고, 태 종류 중에 가장 상층에 띠를 이루고 산다. 푸른색도 있다.

저태菹苔

생김새는 맥태와 비슷하다. 초겨울에 나기 시작하고 돌의 우묵한 곳이나 조수가 빠져도 마르지 않는 곳에서 산다.

감태괌苔

매산태와 비슷하고 조금 꺼칠꺼칠하다. 길이는 여러 자다.

맛은 달다. 초겨울에 나기 시작하고 갯벌에서 자란다.

○이상의 여러 종의 태는 모두 돌에 붙어서 살고 돌 위에 퍼져 있으며 색깔은 푸른색이다.

자채紫菜

【민간에서 부르는 이름은 '짐朕'이다.】

뿌리가 있어 돌에 붙어 있고 줄기와 가지가 없어 돌 위에 넓게 퍼져 있다. 자흑紫黑색이다. 맛은 달고 좋다.

○ 이청의 설명

《본초강목》에서 "자채는 일명 자연紫蒮이라고도 한다. 바닷속에서 살고 돌에 붙어 있다. 푸른색이고 채취하여 말리면 자주색이 된다."[12]라고 한 것이 바로 이것이다.

엽자채葉紫菜

【민간에서 부르는 이름은 '입짐立朕'이다.】

길이와 너비는 맥문동의 잎과 비슷하고 대나무의 얇은 막처럼 얇다. 밝고 투명하며 미끌거리고 윤이 난다. 2월에 나기 시작한다. 상사태가 사는 띠의 상층에서 띠를 이루고 산다.

---

12 《본초강목》권28 '자채' 항목에 나오는 내용이다.

가자채假紫菜

갱태와 같으나 다만 울퉁불퉁한 돌에서 살고 석벽에서는 살지 않는다.

세자채細紫菜

길이는 1자쯤이고 의원醫員들이 쓰는 침처럼 좁고 가늘다. 조수가 빠른 곳에서는 살지 못하고 물이 흐르지 않는 곳에 있는 울퉁불퉁한 돌에서 산다. 맛은 싱겁다. 쉽게 상한다.

조자채早紫菜

엽자채에 속하는 종류다. 9~10월에 나고 엽자채가 사는 띠의 상층에서 띠를 이루고 산다.

취자채脆紫菜

생김새는 엽자채와 동일하고 토의채 사이에서 산다. 쉽게 상하는 성질을 가지고 있다. 햇볕을 쬐어 말리면 색이 천천히 달라져 적색이 된다. 맛은 또한 싱겁다.

이상의 여러 '자채'를 다듬는 방법은 물로 깨끗이 씻고 물기를 짜서 물을 제거한 후에 억새로 만든 발에 두껍게 펼쳐서 햇볕에 말린다. 마른 것을 민간에서는 '앙자채秧紫菜'라고 부르는데 모내기를 하는 시기에 소요된다는 뜻이다. 유독 조자채만 사각형의 나무 광주리를 만들어 발을 깔고 물에 잠기게 하여 종이 만드는 것처럼 조각을 만드니 민간에서 '해의海衣'라고 부른다. 해태를 다듬는 방법 또한 이와 동일하다.

○ **이청의 설명**

이시진이 말하기를 "민 지역과 월 지역의 해변에 다 있다. 잎이 크면서 얇다. 그 지역 사람들은 반죽해서 떡 모양으로 만들고 햇볕에 말려서 재화로 삼는다"[13]라고 하였다. 이것이 지금 민간에서 말하는 해의海衣다.

석기생石寄生

【민간에서 부르는 이름은 '두음북讀音北'이다.】

크기는 3~4치다. 뿌리에 많은 줄기가 나고 줄기에 또 갈라져 가지가 되고 잎이 된다. 처음 날 때는 모두 납작하고 다 자라면 납작한 것이 둥글게 되어 마치 가운데가 빈 것 같아서 얼핏 보면 기생寄生과 비슷하다. 색깔은 황흑색이다. 맛은 담백하다. 국으로 끓여 먹을 수 있다. 자채가 사는 띠의 상층에서 산다.

---

[13] 《본초강목》권28 '자채' 항목에 나오는 내용이다.

종가채駿加菜

【민간에서 부르는 이름은 '종가사리駿加士里'다.】

크기는 7~8치다. 뿌리에서 4~5개의 잎이 나며 잎의 끝은 혹 갈라져 있기도 하고 그렇지 않기도 하다. 생김새는 인동덩굴의 꽃[金銀花]의 봉오리와 비슷하고 속이 비어 있고 부드럽고 미끌미끌하다. 국으로 끓여 먹을 수 있다. 석기생이 사는 띠의 상층에서 띠를 이루고 산다.

섬가채蟾加菜

【민간에서 부르는 이름은 '섬이가사리蟾伊加士里'다.】

뿌리와 줄기와 가지가 나는 것이 석기생과 비슷한데 모두 가늘고 꺼칠꺼칠하며 소리가 난다. 색깔은 붉은색인데 오랫동안 햇볕에 쬐어 말리면 누런색으로 변한다. 매우 찐득찐득하고 미끌미끌하여 이것으로써 풀을 만들면 밀가루로 만든 풀과 다름이 없다. 종가채와 동일한 층에서 띠를 이루고 산다. 일본 사람들이 종가채와 이 섬가채를 구무求貿[14]하여 상선이 사방에서 나온다. 어떤 사람은 베와 비단에 풀칠하는 데 이것을 사용한다고도 말한다.

---

14 일본의 대마도가 조선과 맺은 전통적인 외교 관계에 근거하여 대마도주對馬島主와 막부幕府의 쇼군[將軍] 등이 필요한 물품을 조선에서 유상으로 조달해 가던 방식이다.

○ **이청의 설명**

이시진은 "녹각채鹿角菜는 바닷속의 바위 언덕 사이에서 난다. 길이는 3~4촌이고 크기는 철선만 하며 사슴의 뿔 모양처럼 'Y'자로 나뉘어 있다. 색깔은 자황색이다. 오래 물에 담가두면 아교처럼 변화하는데, 여인들이 이것으로 머리를 빗으면 머리카락이 끈끈해져서 헝클어지지 않는다"라고 하였고, 《남월지》에서는 "후규猴葵는 일명 녹각鹿角이라고도 한다"[15]라고 하였다. 위에서 말한 종가채와 섬가채, 이 두 종이 녹각채다.

조족초鳥足草

【민간에서 부르는 이름을 따랐다.】

바로 석기생에 속하는 종류다. 줄기와 가지가 야위고 가늘다. 해대가 사는 곳 하층의 수심이 깊은 곳에서 산다.

해동초海凍草

【민간에서 부르는 이름은 '우모초牛毛草'다.】

생김새가 섬가초와 비슷하지만 몸통이 넓적하고 평평하며 가지 사이에 매우 가느다란 잎이 있다. 색깔이 자주색인 점이

---

15 이시진의 언급과《남월지》의 내용이 모두《본초강목》 권28 '녹각채鹿角菜' 항목에 나온다.

다르다. 여름에 삶아서 엉긴 덩어리[膏]를 만드는데 부드럽게 엉겨 투명하고 미끌미끌하니 먹을 만한 것이다.

만모초蔓毛草

【민간에서 부르는 이름은 '나출우모초那出牛毛草'다.】

사람의 머리카락처럼 가늘고 가지는 어지러이 흐트러지고 엉켜 있어서 갈고리고 꺼내면 서로 뒤섞이고 붙어서 덩어리를 이룬다. 이것 또한 삶아서 엉긴 덩어리[膏]를 만드는데 돌처럼 단단하게 엉기지는 않는다. 색깔은 자주색이다. 녹조대 사이에서 사는데 땅에 붙어 있지 않고 풀에 의지해서 살아간다.

가해동초假海凍草

생김새는 우모초와 비슷하지만 더욱 거칠고 더욱 길다. 돌 위에서 무리지어 사는데 우모초보다 더 빽빽하다. 색깔은 황흑색이다. 또 다른 종이 하나 있는데 이것은 길이가 조금 길어서 혹 1자가 되는 것도 있다. 자채의 사이에서 살고, 자채와 뒤섞여 있다.

녹조대錄條帶

【민간에서 부르는 이름은 '진질眞叱'이다.】

뿌리는 대나무와 같고 뿌리에서 하나의 줄기가 나며 줄기에는 마디가 있다. 한기가 처음 이르기 시작할 때쯤 마디에서 잎이 2개 나는데 그 너비가 8~9푼이고 잎이 시작되는 부분과 끝부분이 평평하고 반듯하다. 봄이 되면 시들기 시작하는데 다음 마디에서 또 잎이 난다. 매년 이와 같다가 잎이 수면과 나란해지면 멈춘다. 이 상태로 오랜 시간이 지나면 줄기에서 허리띠처럼 생긴 가지 하나가 생기는데 조금 넓적하고 아랫부분은 두툼하지 않고 윗부분으로 갈수록 좁아지지 않는다. 마디에는 돌기가 나지 않았는데 잎이 나오려고 한다. 마지막 마디는 두툼하고 큰 것이 1자쯤 된다. 그 위에 '창포' 같은 잎이 난다. 줄기는 가운데쯤 있고 줄기 끝 근처에 이삭 같은 것이 있는데 쌀알과 정말 비슷하다.

줄기의 색깔은 청백색이고 잎의 색깔은 청록색인데 모두 선명하고 윤기가 나서 사랑할 만하다. 길이는 정해져 있지 않고 물의 깊이를 따라 차이가 있다. 모래와 진흙이 뒤섞여 있는 땅에서 산다. 잎 사이에 있는 줄기는 맛이 달다. 매번 풍랑이 일 때마다 상한 잎이 해안가로 밀려오는데 이것으로 밭에 거름을 준다. 그것을 태워 재를 얻어서 바닷물을 뿌려 적시면 또한 소금을 만들 수 있다. 그 잎이 마르고 상하면 곧 가지 하나가 백지처럼 되는데 선명하고 깨끗하여 사랑할 만하다.

내가 보니 이것을 풀과 닥나무와 섞어 종이를 만들면 좋을 것 같지만 아직 해보지는 않았다.

단록대短條帶
【민간에서 부르는 이름은 '포진질暴眞叱'이다.】
녹조대와 비슷한데 줄기가 없다. 간혹 줄기가 있는 것도 있는데 베의 가닥처럼 가늘다. 길이는 대략 1자를 넘지 않는다. 잎은 조금 좁고 단단하며 열매가 열리지 않는다. 얕은 물에서 산다.

석조대石條帶
【민간에서 부르는 이름은 '고진질古眞叱'이다.】
잎은 부추처럼 가늘고 길이는 4~5자고 열매가 열리지 않는다. 해대의 사이에서 산다. 그것을 말려서 엮으면 부드러우면서도 질겨져 지붕을 엮을 수 있다.

청각채靑角菜
뿌리, 줄기, 가지, 잔가지가 '토의초'와 매우 비슷하고 둥글다. 미끈미끈한 성질을 가지고 있고 색깔은 청흑색이다. 맛은 담백하여 김치의 맛을 좋게 도와줄 수 있다. 5~6월에 나서 8~9월에 다 자란다.

가산호假珊瑚

생김새는 고목과 같고 줄기와 가지가 있는데 모두 끝이 갈라져 있다. 머리는 꺾여 있고 몸통은 돌과 비슷하다. 그것을 두드리면 쟁쟁 소리가 나며 열매는 물러 손가락으로 튕기면 부서질 수 있다. 작은 돌기가 말리고 구부러져 있어 기이하고 예스러워 감상할 만하다. 껍데기의 색깔은 진홍색이고 그 속은 흰색이다. 바닷물 속 가장 깊은 곳에 살고 때때로 낚시에 걸려 올라오기도 한다.

茲山魚譜

丁銓著

全

茲山魚譜

洌水 丁銓 著

茲山者黑山也余謫黑山黑山之名幽晦可怖家人書牘輒稱茲山茲亦黑也茲山海中魚族極繁而知名者鮮博物者所宜察也余乃博訪於島人意欲成譜而人各異言莫可適從島中有張德順昌大者杜門謝客篤好古書顧家貧少書手不釋卷而所見者不能博然性恬靜精密凡草木鳥魚接於耳目者皆細察而沈思得其性理故其言為可信余遂邀而館之與之講究序次成編名之曰茲山魚譜旁及於海

禽海菜以資後人之考驗顧余固陋或已見本草而不聞其名或舊無其名而無所可考者太半也只憑俗呼俚不堪讀者輒敢創立其名後之君子因是而修潤之則是書也於治病利用理則數家固應有資而亦以稱詩人博依之所不及云甫

嘉慶甲戌洌水丁銓書

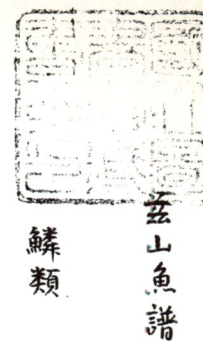

玆山魚譜卷一

鱗類

石首魚 有大小數種

大鮸 俗名 羽此父

大者長丈餘腰大數把狀類鮸色黄黑味亦似鮸而益釀厚三四月間浮出水面 凡魚之浮水而不能游潛者多在春夏間者皆鰱 漁者徒手而捕六七月間捕濱者設釣釣于水底濱魚吞之而倒懸 釣綸緾其身用方則綸或絶故勢 則大鮸又吞其鯊濱之鱏骨如錐倒懸 足則進刺其臉是成釣鐵鮸不能挍舉釣而隨上漁者力不能制或以

索作套子而句出或以手納其口而擔其閣頷以出
者魚之喉身勁毛也傷各數重勢若密箴俗呼曰鐵凡頷閣
魚巢之用只在嗅香水之出納開頷司之○石首魚小
者盡堅中者有盡而不堅大鮠
則盡僅如鯊安故入乎不刺 肝有大毒食之瞑眩而
發癬疥能消瘡根皆此大魚之膽 其膽治胃痛腹痛云○
晴案石首魚有大小諸種而皆腦中有石二枚腹中白
鰾可以為膠正字通云石首魚一名鮸生東南海中形
如白魚扁身弱骨細鱗嶺表錄謂之石頭魚浙志謂之
江魚又臨海志謂之黄花魚然今此大鮸之形諸書所
未及也

鮸魚 俗名民魚 大者長四五尺 以周尺言之 體稍圓色黃白背
下皆倣此

青黑鱗大口巨味淡卌鰻熟俱空乾者尤益人鰾可作
膠黑山海中稀貴或浮出水面或釣得羅州諸島以北
五六月網捕六七月釣捕其卵脆長數尺藍縞俱美幼
者俗呼巖峙魚又有一種俗呼冨世魚長不過二尺餘
○晴案鮸音兔東音兔民相近民魚卽鮸魚也說文云
鮸鱒名出薉邪國薉者我國嶺東地也卽今嶺東之海
未聞產鮸西南之海皆有之耳本草綱目石首魚乾者
名鯗魚能養人故字從養羅頷云諸魚鯗皆爲鯗其
美不及石首故獨得專稱以白者爲佳故呼白鯗若露
風則愛紅色失味我國亦以民魚爲佳鯗民魚卽鮸也

○又按東醫寶鑑以鯽魚為民魚然鯽即鮈也生於江湖而無鱗凍藏器誤以鮠為鮈李時珍辨之鯽與鮈不可混也

鯖水魚俗名曹機 大者一尺餘狀類鮸而體精狹味亦似鮸而尤淡用如鮸卵室藍與陽外島春分後網捕七山海中寒食後網捕海州前洋小滿後網捕黑山海中六七月始夜釣水清故晝已盡產卵故味不及春魚者臘之不能耐久至秋鯖勝○鯖大者俗呼甫體大而短頭小而俯故腦後高味贖堪作鱐產於七山者鯖勝而亦不佳○鯖小者俗呼黃頭鯖尖色微白○最小者石魚俗呼蟹厓長

四五寸尾尖失味甚佳時入於漁網中〇晴案臨海異
物志石首魚小者名䭾水其次名春来田九成游覧志
每歳四月来自海洋綿亘数里海人乃下網截流取之
初水来者甚佳二水三水来者魚漸小而味漸減出本
蓋此魚隨時趁水而来故名䭾水也今人網捕之時 草綱目
遇其群来得魚如山舟不勝載而海州與陽網捕異
者以其隨時䭾水也〇又按博雅石首䱥也江賦注䱥
魚一名石首魚而正字通明辨石首之非䱥也本艸綱目
亦別載為二魚可按而知也

鯔魚 有数種

鯔魚 俗名秀魚 大者長五六尺 體圓而黑 目小而黃 頭扁腹白 性多疑而敏 於避禍 又善游善躍 見人影輒跳避水不至濁 未嘗舍鈎水清則網在十步已能色舉 雖入網中亦能跳出網 在於後則寧出岸而伏於泥 不肯向水也 胃於網 其伏於泥也 全身埋土而惟以一目蝍動靜味甘而釀厚 爲魚族第一 漁無定時而三四月產卵故此時網捕者多 非鹵泥濁水不可襲取 故黑山海中亦或有之 所不可得 〇 其小者俗呼登其里 最幼者俗呼毛峙 又呼毛將

假鯔魚 俗名狀同真鯔 但頭稍大 目黑而大 尤驍捷 黑山

所產只此種其幼者名夢魚〇晴案本草鯔魚似鯉身
圓頭扁骨軟生江海淺水中馬志云性喜食泥李時珍
云鯔魚色黑故名粵人訛爲子魚生東海有黃脂味美
今人所稱秀魚即此也 三國志注云介象与孫權論鱠
象曰鯔魚爲上權曰此出海中
安可得象令汲水滿坫
蚕綸頃叟釣得鯔魚

鱸魚

鱸魚大者長丈體圓而長肥者頭小巨口細鱗鰓有二重
而薄脆鉤貫易裂色白而有黑暈背青黑味甘而清四
五月始生冬至後絕蹤性喜淡水每霖雨漲鐵鉤者尋
鹹淡水交會之際投鉤即舉則鱸隨而吞鉤產於黑山

者瘦細而小味亦不如近陸之産其細者俗呼甫鱸魚
又呼乞〇晴案正字通鱸似鱖巨口細鱗長數寸有四
腮俗呼四腮魚李時珍云鱸出吳中淞江尤盛四五月
方出長僅數寸狀微似鱖而色白有黑點綱目蓋吳
中之鱸短小与我國異也

強項魚
　強項魚　俗名道尾魚　大者長三四尺形似鱸體知而高尚居長
之羊背赤尾廣目大鱗似鮸而最剛頭項硬甚觸物皆
碎逸最強能鬬鱧螺之甲舍鈎而能伸能折肌肉頗硬
味甘而醲湖西海四五月網捕黑山四五月始生入

冬絶跳

黒魚 俗名甘 色黒而鮹小
相魚 俗名

癋魚 俗名癋 狀類強項而體稍長目精小色紫赤膃後有
伊魚 俗名

癋大者如拳頷下亦有癋而煮之成膏味似強項而芳
頭多肉甚釀厚

骨道魚 俗名多
億道魚 大四五寸 狀類強項魚色白骨甚硬味薄

北道魚 俗名
 大者七八寸 狀類強項魚色白味亦如之稍
淡薄

赤魚 俗名剛 狀如強項魚而小色赤康津縣之青山島海
性魚
中多有之八九月始出今補之○原編闕 晴峯譯語類解以道

尾魚為家雞魚

鰣魚

鰣魚 俗名蠢鰣魚 大二三尺體狹而高鱗大而多鯁背青味甘而清穀雨後始漁於牛耳島自此而漸北六月間始至於海西漁者追而捕之然晚不如早○小者大三四寸而味甚薄○晴案爾雅釋魚云鯦當魱郭注云海魚也似鯿而大鱗肥美多鯁今江東呼其最大長三尺者為當魱類篇云鰤出有時即今鰣魚是韻鰤与鰣同李時珍云鰣形秀而扁微似魴而長白色如銀肉中多細刺如毛大者不過三尺腹下有三角硬鱗如甲其肪亦在

鱗甲中出本草綱目此即今俗所稱蠹峙魚也〇又按譯語類解以蠹峙魚爲肋魚一名鑚刀魚本草綱目別有勤魚似鱘小首只於腹下有硬刺非今俗之蠹峙魚也

碧紋魚

碧紋魚俗名皐長二尺許體圓鱗極細背碧有紋味甘酸而濁可炙可鹽而不可鱐鯫楸子諸島五月始釣七月絕蹤八九月復出黑山海中六月始釣九月絕蹤是魚晝則游行倏忽往來人不可追性又喜明故蓺燵而夜釣又喜游清水故網不得施云島人之言曰是魚乾隆庚午始盛至嘉慶乙丑雖有豐歉無歲無之丙寅以後

歲々減損今幾絕蹤近間嶺南海中新有是魚其理不

可知○稍小者澄音發頭稍縮形稍高色稍淡

假碧魚古乃魚俗名假體稍小色尤淡口小唇薄尾旁有細刺成

行至翼而止味甘釀勝於碧紋

海碧魚俗名拜狀同碧紋色赤碧而無紋體肥肉脆游行

大海不近洲墡

青魚

青魚長尺餘體狹色青離水久則頗赤味淡薄空羨炙安

藍鯿正月入浦循岸而行以產其卵萬億為隊至則蔽

海三月間既產則退伊後其子長三四寸者入網乾隆

庚午後十餘年極盛其後中衰嘉慶壬戌極盛乙丑後
又衰盛是魚冬至前始出於嶺南左道邊海而西而北
三月出於海西海兩者倍大於南海者嶺南湖南迭相
衰盛云○昌大曰嶺南之產脊骨七十四節湖南之產
脊骨五十三節○晴案青魚亦作鯖魚本草綱目青魚
生江湖間頭中枕骨狀如琥珀取無時則非今之青魚
也今以其色青故假以名之也

食鯖 俗名墨ㄷ農墨ㄷ者食也
言不知產卵但知求食也目稍大體稍長四五月漁
之不見腹中有卵

假鯖 俗名角東筆
體稍圓而肥味微酸而甘醲優於青魚与青

魚全時入網

貫目鯖　狀如青魚兩目貫通無礙味優於青魚臘之尤美故凡青魚之臘皆稱貫目非其實也產於嶺南海中最希貴今補之　原篇缺

鯊魚

凡魚之卵生者無牝牡之交而牡者先濁其白液牝者產卵于液以化成其子獨鯊者胎生而胎無定時水蟲之特例也牡者外有二腎牝者腹有二胞胞中各成四五胎胎成而產向兒鯊臍下各抱一卵大如絲瓜卵消則產之卵者即人臍也故

児鼇腹中之物即卵之汁也○睛案正字通海鼇青目赤頰背上有鬣腹下有翅六書故曰鱁海中所産以其史如沙得名哆口無鱗胎生本草綱目鮫魚一名沙魚一名鯌魚一名溜魚李時珍云古曰鮫今曰沙是一類而有數種也史皆有沙陳藏器云其皮上有沙堪揩木如木賊出赤草皆指此海鼇也其子皆胎生而出入於母腹沈懷遠南越志云環雷魚鯌魚也長丈許腹有両洞貯水養子一腹容三子子朝從口中出暮還入腹類篇及本草綱目皆言之可按而知也

鯌魚即
海鯊

膏鯊 俗名𪉈鯊 其 大者七八尺體長面圓色如灰 凡鯊色鯊上
尾上各有一骨如錐安硬如沙肝油特多而全身皆膏
脂也肉雪白或炙或羹而味釅不宜於繪腊〇凡治鯊
之法以熟湯決而摩之則沙鱗自脫然其肝取油以資
燈燭

眞鯊 俗名粢鯊 狀類膏鯊而體柄短頭廣目精大肉色微紅味
柄淡空於鱠腊〇大者名羗鯊 俗名民 中者名梅枸鯊
俗名朴 小者名道音發鯊〇昌大曰梅枸鯊別有一種
竹鯊
頭如海鷗魚狀類梅枸故名又名鏵鯊 梅枸亦似 非真鯊

之中者也

蟹濊俗名蝎濊 好食螃蟹故名 狀類膏濊而無骨錐脅旁有白

點成行至尾 其用同 真濊肝無膏

竹濊 亦俗 與膏濊同而大者一丈許頭稍大而廣脣口稍

褊廣 他濊脣口 如此皆 兩脅有黑點成行至尾用如真濊 ○ 晴

紫蘇頌曰鮫大而長喙如鋸者曰胡沙性善而肉美小

而尖粗者曰白沙肉彊而有小毒李時珍曰背有珠文

如鹿而堅彊者曰鹿沙亦曰白沙背有斑文如虎而堅

彊者曰虎沙亦曰胡沙 綱目出李 今蟹濊竹濊辨逸濊矮

濊之類皆有斑點如虎如鹿蘇李所言即指此也

癡鱠 俗名勤鱠 大者五六尺體廣而短腹大而黃 他魚皆白背
紫黑口廣目陷性甚緩愚出水一日不死宜於鱠羹他
不堪用肝膏特盛

矮鱠 俗名淡鱠 全長不數尺狀色性味皆類癡鱠但體小為異
晴案魯人呼矮鱠曰趙全淡
鱠又呼濟州兒未知何義也

駢遠鱠 俗名樂鱠 大者一丈有半狀類癡鱠紫黑駢遠灰色
兩脅有白點成行尾鞘細尖如曲刀而甚堅利能齧他
鱠他鱠舍鉤則駢遠切而啗之誤吞其鉤為人所得骨
柔脆可生食

鐵對鱠 俗名䒨鱠 与膏鱠大同背鞘廣尾上鰭鞘陷如溝口上

有一角其長居全體三分之一狀如戈劒兩邊有倒剌
如鋸甚堅利人或誤觸甚於戈刃故曰鐵剉指騰鋸如
刀之鐵剉子也角底有兩鬚長尺許其用如真鯊○晴
案本草綱目絞魚前有骨如斧斤能擊物壞舟者曰鋸
沙又曰挺額魚亦曰鱛鱛謂鼻骨如鋸斧也說時珍左思
蜀都賦云鯦龜鱗鱛注云鱛有橫骨在鼻前如斤斧
形南越志云鱛魚鼻有橫骨如鐇海船逢之必斷此皆
今俗之鐵剉鯊也今鐵剉鯊有大二丈者而載遠鯊筥
尾鯊之屬皆能吞人覆舟也
䮪鯊俗名毛与他鯊大同而大丈許其絕大者長或三四
突鯊

丈而不可捕得鱉甚硬曉勇絕倫漁者以三枝鐵錐刺之繫索於錐任其怒逸待力盡然後收索或釣時不意而舍鈎逸走綸繫於指則指拆綸繫於腰則全身俱遭以入水濱乃斃而走焉用如他鱑而味稍苦

錐鱑子鱑 大者二丈許體似蚌蚌前翼大如扇突沙尖利如刺以之為錐利於鐵錐磨其突以篩器物堅滑而有文星星可愛味薄猶可鱠食〇晴案筍子議兵篇云楚人鮫革犀兕以為甲史記禮書鮫韅注徐廣云鮫魚突可以飾服器說文云鮫海魚突可飾刀此皆指今之錐鱑也山海経云濰水東南流注于睢其中多鮫魚突

可飾刀劍口錯治材角李時珍曰史有珠可飾刀劍治
骨角口錯者口裏之錯史也今鏃溕口裏之史甚利於
磨楷俗謂之口中史即是也

艫閣溕俗名歸大者丈餘頭似艫閣前方而後殺似膏溕
目在艫閣左右之隅脊鱃甚大張鱃而行恰如張帆味
甚佳室繪及羹膳艫閣者海船之制於前橋所倚之大
橫格頭船在左右皆作板閣謂之歸安故今名曰艫閣
是魚之狀類是故名〇晴案是溕有兩耳聳出而方言
謂耳曰歸故曰歸安也艫閣亦船之耳也

四齒溕 徒令溕 俗名丹令溕 大者七八尺頭似艫閣溕但艫溕如平板

此則腦後頦乃成長方形頭下如他鯊左右各有二鬣

近頦豐本向前漸殺狀如半破壺甎磊如鯦殼之背而滑澤堅可碎石能齧鰒螺之甲性極頑懶洇水者遇之抱之而出用如癥鯊而味頗苦

銀鯊名仍俗 大者五大尺質弱無力色白如銀無鱗體狹而高目大而在頰傍 他魚月䐃出口外四五寸口在其下酥臭者頭畫處別出一肉向翼肥而廣如扇尾如蚌用如他鯊而鱠尤佳其翼臘之大溫而傳之能治乳腫 前殺夾軟滑如酥故今名之

刀尾鯊 刀鯊 俗名環 大者文餘體圓似冬瓜瓜末尾屬如走獸

尾長於元體一倍廣而直末仰殺末曲如環刀利如鉊堅於鐵用之揮擊以食他魚味甚薄

戟遠濱俗名世 大者二三丈狀類竹濱而俱無黑點色如灰而微白肴屑至腭遠有四重森列如戈戟籤之性甚緩慢故人能釣出或言甚愛其遠故釣綸胃齒則隨牽而出殊不然也割肉至骨不驚不動若觸其目与骨則鼓勇踊躍人不敢近肌肉雪白或脯或鱠獨炙癒疥味甚薄肝無膏

鐵甲將軍 大數丈狀似大鯢而鱗掌許大堅硬如鋼鐵叩之鐵聲五色錯雜成文極鮮明而滑如冰玉其味亦

佳魚人當一艘

箕尾濱 俗名耐安濱 又福豚蘇兒 大者五丈狀如他濱而體純黑鰭与尾大如箕海濱之最大者也居於大海天欲雨則群出噴波如鯨船不敢近 原篇缺今補之 ○案史記始皇本紀方士徐市等入海求神藥數歲不得乃詐曰蓬萊藥可得然常為大鮫魚所苦故不得至烏數考云海濱虎頭濱體黑巨者二百斤常以春晦陟於海山之麓旬日化為虎皆今箕尾濱之謂也佃化虎之說未有實見述異記云魚虎老變為鮫魚李時珍又以鹿沙為能變鹿以虎沙為虎魚所化則物固有相變者然未可明也

錦鱗濱俗名息　長一丈有半狀如他鱣而體稍狹上脣有二鬚下脣有二鬚舉之鬚髯鮮大如掌層次如屋瓦極絢爛傷酥而味佳能治瘡時或網捕之　補今

鮇魚

鮇魚　俗名鮇　狀類強項魚大者三尺許頭大口大目大體圓鱗細背黑鰭鬐剛甚味似鱸魚肌肉柄硬四時皆有
○柄小者俗名螢色黑而帶赤味薄於鮇魚○尤小者俗名應色紫黑味薄常居石間不能遠游大抵鮇魚之屬皆在石間

薄脣魚　俗名發　狀類鮇魚而大如䲡魚石首色青黑口小

唇鰓甚薄味同黔魚盡游大海夜歸石窟

赤薄唇魚 俗名玉春魚 与薄唇魚同色赤為異

頳魚 俗名此歸名 狀類黔魚目尤大而突色赤味亦似黔魚而薄

釣絲魚 俗名餓大者二尺許狀類蝌蚪口極大開口便無

餘地色紅唇頭有二釣竿大如醫鐵長四五寸竿頭有

釣絲大如馬尾絲末有白餌如飯粒美其綸餌他魚以

為食而來就則攖而食之

螫魚 俗名遜 狀類小黔魚大赤如之將鰭甚毒怒則如蝟

近之則螫人或被螫痛不可忍松葉煎湯浸其螫處則

神效

鰈魚

鰈魚 俗名廣魚 大者長四五尺廣二尺許體廣而薄兩目偏於左邊口縱坼尻在口下腸如紙運有二房卵有二胞自脅而由脊骨間達于尾背黑腹白鱗極細味甘而釀〇嗜案我邦謂之鰈域鰈者東方之魚也後漢書邊讓傳注云比目魚一名鰈今江東呼為板魚異物志云一名箬葉魚俗呼鞋底魚臨海志曰婢籚魚風土記曰奴屩魚蓋是魚只有一片故因其形似有此諸名也然今我邦之海產此鰈魚大小諸種俗稱各異而皆一箇獨行有雌有雄兩目偏著一口縱坼驟看雖若隻體難於實

驗非是兩尾相並也案爾雅云東方有比目魚不比不行其名謂之鰈郭注云狀似牛脾鱗細紫黑色一眼兩尼相合乃得行今水中所在有之左思吳都賦云罩兩魶注云左鮃一目即比目魚司馬相如上林賦云禺禺魼鰨注云魼一作魼比目魚也狀似牛脾兩相合乃行李時珍云比並也魚各一目相並而行也段氏北戶錄謂之鰜鰈魚也又云兩片相合其合處半邊平而無鱗凡此皆未見鰈形以意言之也今鰈魚明一簡有兩目明一簡獨行下腹上背獨成完體非相並而行也李時珍又從而申之曰合處半邊平而無鱗有若目覩者然

其實非目觀也會稽志云越王食魚未盡以半棄之水中化為魚遂無一面名半面魚此即鰊也半面獨行非相並也郭璞肩雅注以鰊為王餘魚又其異魚贊云比目之鱗別號其實一魚其實一魚王餘魚即鱠殘魚非鰊也郭氏誤言之也

小鰊俗名加大者二尺許狀類廣魚而體尤廣益厚背有亂點亦有無點者〇晴案譯語類解以此為鏡子魚

長鰊俗名鞵體尤長而狹味甚醲厚〇晴案此形酷似鞵底矣

鱣鰊俗名長魚突大者三天許體如長鰊腹背有黑點味頗釀

正字通此目魚名鈑魚俗改作飯

瘦鰈 俗名海帶 體瘦而薄背有黑點○已上諸鰈俱室羹炙而腊則不佳都不如東海之良

牛舌鰈 俗名大寧許而長酷似牛舌○金尾鰈 俗名神梅似小鰈而尾上有一團金鱗○薄鰈 俗名朴帶魚 似牛舌鰈而尤小薄如紙編聯而腊之𠆸補上俱

小口魚
小口魚 俗名望大者一尺許狀類強項魚而高益崇口小色白以胎生子肥肉脆軟味甘

鮣魚
鮣魚 俗名䒷葦魚 大一尺餘類鱸魚而尾甚長色白味極甘饌鱠

之上品〇晴案今葦魚產於江蘇魚產於海是一種屬
即魛魚也甫雅釋魚云鮤鱴刀郭注云今之鮤魚也亦
呼為魛魚本草綱目鱭魚一名鮤魚一名鱴刀一名鏤
刀一名鮆魚一名鱠魚魏武食制謂之望魚邢昺云九
江有之李時珍云鱭生江湖中常以三月始出狀狹而
長薄如削木㓸亦如長薄尖刀形細鱗白色肉中多細
刺淮南子曰鮆魚飲而不食又異物志云鱴魚初夏從
海中泝流而上長尺餘腹下如刀是鱴烏所化據此可
知葦魚即魛鮆也譯語類解謂之刀鞘魚

海魛魚 名伴倘魚 又大六七寸體高而薄色白味甘而醲
魛魚 俗名蘇魚

黒山海中間有之芒種時始漁於巖叢島地 小者名俗
古蘇大三四寸體稍圓而厚

蟒魚

蟒魚 俗名 大者八九尺體圓三四圍頭小目小也 拱鱗極
細背黑似蟒有黒紋 似碧紋魚而大 頗勇健能跳數丈味酸而
厚但芳濁〇晴案譯語類拔魚一名芒魚即此蟒魚
也隼韻鯝魚似蛇王篇鯽魚似蛇長一丈似今蟒魚之
類也

黄魚 俗名大 斯魚 大者一丈許狀如蟒魚而桶高色全黄性勇
健而暴急味薄

青翼魚

青翼魚 俗名鱠僧 大者二尺許 頭甚大而皆骨 顱無肉 體圓
口尙有二鬚 極青 背赤脅有翼大如扇可卷舒 色青
極鮮明味甘

灰翼魚 俗名将帶魚 大一尺餘 狀類青翼魚 頭稍匾而長 其骨
赤 如之色黄黒 翼稍小而與體同色

飛魚

飛魚 俗名辣 大者二尺 弱體圓 色青有翼 如鳥色青鮮 飛
則張之 能至数十步 味極薄 方茲種時聚于海岸産卵
漁者蓺燈用鐡鎌錐捕之 只産於紅衣可佳島而黒山

間有之○晴蜜飛魚狀類鯫鯔魚而鰭大如翼故能飛其性喜明漁者乘夜設網而設燎魚乃群飛入網或為人所圍則飛落於原野此即文鰩魚也山海經云觀水西流注于流沙其中多文鰩魚狀如鯉魚魚身而鳥翼蒼文而白首赤喙以夜飛其音如鸞雞呂氏春秋云灌水之魚名曰鰩其狀若鯉而有翼常從西海飛游於東海神異經云東南海中有溫湖中有鰩魚長八尺左思吳都賦云文鰩夜飛而觸綸林邑記云飛魚身圓大者丈餘翅如胡蟬出入羣飛游翔翳薈沈則泳于海底明一統志云陝西鄠縣澇水出飛魚狀如鮒食之已痔疾

據此諸說則東西南三方皆有大鯱也故顧況送從兄使新羅詩云東溟垂大翼西海飲文鰩蓋以北郊之海亦有文鰩故詠之也又拾遺記云仙人寧封食飛魚而死二百年更生酉陽雜俎云朗山浪水有魚長一尺能飛飛即凌雲空息即歸潭底段成式言雖甲詭而所云飛魚必文鰩也又山海經桐水多䱻魚其狀如魚而鳥翼出入有光又㶟水西流注于河其中多䱱魚其狀如人有翼鱗在羽端又抵山有魚焉其狀如牛蛇尾如鶉而翼在羽端曰䱱魚此類皆是飛魚然山海經所有翼有羽在脅下言來必皆恒有之物也

耳魚

耳魚 南俗名え 大者二三尺體圓而長鱗細色黃或黃黑頭有兩耳如蠅翼味薄伏於石間

鼠魚 夫南俗名え 狀類耳魚而頭稍尖鰓色赤黑相斑頭亦有耳肉青味甚薄腥臭尤甚凡魚皆春卵而耳魚獨秋卵也

箭魚

箭魚 仍俗名 大者一尺許體高而狹色青黑多膏味甘厚黑山或有之不如近陸之產

扁魚

扁魚俗名瓶魚大者二尺許頭小項縮尾短背凸腹突其形四
出長与高略相等口極小色青白味甘骨脆宜於繪炙
及羮黑山或有之○晴峯今之瓶魚疑古之魴魚也詩
云魴魚赬尾甬雅釋魚魴鯿郭注云江東呼魴魚為鯿
一名鯿陸璣詩疏云魴魚廣而薄肥恬而少力細鱗魚
之美者正字通云魴魚小頭縮項闊腹穹脊細鱗色青
白腹內肪甚腴李時珍云闊腹扁身味甚腴性宜活水
據此諸說則魴魚之形恰如瓶魚也但魴魚是川水
之產也詩云豈其食魚必河之魴郷語云伊洛鯉魴美

如牛羊又云居就粮梁水魴後漢馬融傳注漢中鯾魚
甚美常禁人捕以槎斷水因謂之槎頭縮項鯿則魴是
川水之魚也今瓶魚未聞産於川水者惟山海經云太
鯉居海中注云鯉即魴也李時珍云其大有至二三十
斤者則魴亦有産於海者也然今瓶魚未見大者是可
疑也

鯫魚

鯫魚 俗名 叢魚 體極小大者三四寸色青白六月始出霜降則
退性喜明光每夜漁者爇燎而引之及到窪窠以匡綱
汲出或羹或醢或醃或為魚餌産於可佳島者體頗大

冬月赤漁然都不如關東者之良○鯖案今之葭魚鹽
之臘之充於歲䈊膳品之賤者也史記貨殖傳云鮆千
石正義云謂雜小魚說文云鮆白魚也韻篇云鮆小魚
也今之葭魚即是欤

大鯸 俗名曾 大者五六寸色青而體稍長似今之青魚先
於小鯸而至

短鯸 俗名盤 大者三四寸體稍高肥而短色白

酥臭鯸 俗名大者五寸寸體長而瘦頭小而用酥臭丰寸

許色青

杙鯸 俗名末 如小鯸而色赤同頭不豐尾不殺狀如杙故
 獨蔵

大頭魚

大頭魚 祖魚俗云兒 大者二尺弱頭大口大體細色黃黑味甘而釅游於潮汐往来之處性頑不畏人故釣捕甚易冬月穿泥而蟄食其母故似稱無祖魚云黑山間有而不堪食產於近陸者甚佳〇又一種小者 俗名德音巴 長五六寸頭与體相稱色或黃或黑海水近濱處有之

凸目魚 俗名同魚 大者五六寸狀類大頭魚而色黑目凸不能游水好於鹵泥跳躍樑水而行

鰲刺魚 俗名渡鱥魚 狀類凸目魚而腹大怒則膨脖背有刺鰲

人則痛領篇之缺今補

茲山魚譜卷二

無鱗類

鱝魚

鱝魚 俗名洪魚 大者廣六七尺 雌大雄小 體似荷葉 色赤黑 酥鼻當頭位 豊本而尖末 口在酥臭底 骨腹間直 口背上即酥鼻之本 有臭之後有目 尾如豬尾之 將有亂刺 雄者陽莖有二 陽莖即骨狀 如曲刀 莖底有囊卵 兩翼有細刺 交雌則以翼刺句之 而交 或雌者含鈎而伏 則雄者就而交之 擧鈎則並隨而上 雌死於食 雄死於淫 可爲饕饕

淫者戒雌者產門外有一孔內通三穴中穴通於腸兩旁成脆脆上有物如卵卵潰則產脆而成子脆中各成四五子 鯊魚產門之外 冬至後始捕立春前後肥大 內三而同此
而味佳至於二四月則體瘦而味方空鱘炙美腊羅州
近邑之人好食其鮫者嗜好之不全也剖腹有瘀瘵宿疾者取鱘魚之鮫者作羹飽之能驅下穢惡又最能安酒氣又蛇忌鱘魚故其腥水所棄之處蛇不敢近凡蛇咬家傳其實良效 ○ 晴案正字通云鱘魚形如大荷葉長尾口在腹下目在額上尾長有節螯人本草綱目海鷂魚一名邵陽魚 飡鑑作 一名荷魚一名鱝魚一名鯆

魮魚一名薴鱛魚一名石蠣李時珍云狀如盤及荷葉大者圍七八尺無足無鱗肉內皆骨節之聯比脆軟可食皆指今之洪魚也東醫寶鑑作鮌魚然鮌是魚子之稱揆諸恐誤

小鱗及魚 狀類鱝而小廣不過二三尺 酥鼻短而不甚尖尾細而短肉甚肥厚

瘦鱗俗名間 廣不過一二尺體極瘦薄色黃味薄

青鱝加五 大者廣十餘尺狀類鱝而酥鼻匾廣背蒼色

尾短於鱝而有錐五分其尾錐在其四分之地錐有逆刺如鐵以之螯物則人而難拔又有大毒尾錐皆同已下四種其

有物侵之則搖其尾如飄風之葉以禦其害〇晴案本草拾遺海鷂魚生東海邊如石版尾有大毒逢物以尾撥而食之其尾刺人甚者至死候人尿處釘之令人陰腫痛拔去乃愈海人被刺毒者以魚扈竹及海獺皮解之陳藏今青黃墨螺諸鱝皆有錐尾也

墨鱝 俗名墨 与青鱝同而色黑為異

黃鱝 俗名黃 与青鱝同而背黃肝膏最盛

螺鱝 俗名螺 類黃鱝而遠在喉門如四盞瓷而磈礧其尖

乳環列如螺頸

鷹鱝 俗名每 大者廣數十丈狀類鱝最大而有力鼓勇而

竦其肩有似搏禽之雁舟人下矴或礙其身則怒竦其肩肩背之間䧟而成溝遂以其溝負矴縛而走船行如飛舉矴則隨而上舷故舟人畏而斷其縛○晴案魏武食制云蕃蹋魚大者如箕尾長數尺李時珍尺云大者圍七八尺而今鷹鱏之大皆所未見也鷹鱏之尾錐怒而擊之可以斷鯨云

海鰻鱺

海鰻鱺 俗名長魚 大者長丈餘狀類蟒蛇大而短色淺黑凡魚出水則不能走此魚獨能走如蛇非斬頭不可制味甘醲益人久泄者和鰻鱺作糜粥服之則止○晴案日華

子云海鰻鱺一名慈鰻鱺一名狗魚生東海中類鰻鱺而大即此也

海大鱺俗名䱐長魚 目大腹中墨色味尤佳

犬牙鱺長魚介名 口長如豕䶒䟫如犬鯉骨益堅能吞人

四時皆有海鱺獨淡冬不上釣意 或言孕卵孕胎者或言蛇之所化甚衆䱐此物至繁凡於石竇之中百千成隊雖有蛇化未必盡然昌大曰嘗聞苔士島人言見海鱺腹中有卵如貫珠類蛇卵來可知也 ○ 晴窓趙辟公雜錄云鰻鱺魚有雄無雌以影漫於鱧魚則其子皆附子鱧鬐鬣而生故謂之鰻鱺然産於流水者猶可然也産

於海者海無鱧魚安所漫衍乎亦未可明也

海細鱨俗名壺魚 長一尺許體細如指頭如指尚色紅黑皮滑伏於鹵泥中脂之則味佳

海鮎魚

海鮎魚俗名役魚 大者長二尺餘頭大尾殺目小背青腹黃無鬚產於淡水者肉甚脆軟骨亦脆味薄方能治酒病未鮟而烹則肉皆消融故喫者待其既鮟

紅鮎達魚俗名紅 大者二尺弱頭短尾不殺體高而狹色紅味甘美炙燔勝於海鮎

葡萄鮎仍俗名 大者尺餘狀類紅鮎目突色黑卵如菉豆多

聚而團合如難伏之卵雌雄同抱而臥於石間化成其子小兒口涎眾食則效

長鮎俗名骨大者二尺餘而其體瘦長口稍大味薄方

鮇魚俗名服全魚

黔鮇黔服大者二三尺體圓而短口小遠聯至堅剛怒則腹膨脹而切瓷軋軋有聲支堅可裏器物味甘體諸鮇中寡毒爛烹和油而食蓺以竹忌炯煤○晴案本草河

豚一名鯸鮧鯸鮧一作鯆鮧一名鯢魚鮭一作一名嗔魚一名吹肚魚一名氣包魚馬志曰河豚江淮河海皆有之陳藏器曰腹白背有赤道如印目能開闔觸物即嗔

怒腹脹如氣毬浮起李時珍曰狀如蝌斗背青白其腹

腴吽為西施乳綱目李草皆魨魚也

鵲魨遊服名加 體柄小背有斑文有大毒不可食○晴案李

時珍云河豚色炎黑有文點者名斑魚毒最甚或云三

月后則為斑魚不可食綱目此即今鵲魨之謂也凡

魨魚皆有毒陳藏器曰海中者大毒江中者次之冠宗

奭云味雖珍美修治失法食之殺人又魨魚之肝及子

皆大毒陳藏器所稱入口爛舌入腹爛腸無藥可解者

空可慎也

滑魨俗名蜜服 體小而灰色黑文膩滑

澀鮴　俗名加○色黃腹有細芒

小鮴　拙俗名服似滑鮴而體甚小大者不過七八寸○凡鮴魚產於近陸者穀雨後囲川溪沂流數十百里以產其卵在外洋者每於洲渚產卵又或鱣漲而浮出水面

蜴鮴　狀類鮴魚全身都是刺棘恰如蜴鼠昌大曰只一見澤泊於㟁者犬不過一尺其用豪未聞

白鮴　大者一尺許體細而長色純白大者有紅暈味甘或入漁網又或霖雨溪漲隨水沂上設筐而捕

烏賊魚

烏賊魚　大者徑一尺許體楕圓頭小而圓頭下細頸頸

上有目頭端有口口圍有八脚細如鈎綸長不過二三寸而皆有菊蹄對成行故云欲行則奇藉物則攫者也其中別出二長脚如絛子長尺有五寸許脚末如馬蹄有團花所以黏著者也行則倒行亦能順行背有長骨赤橢圓肉甚脆軟有卵在中有囊盛黑汁有物侵之則噴其墨以眩之取其墨而書之色極光潤但久則剝落無痕浸其骨能合瘡生肥骨亦治馬瘙驢之背瘡非此空繪臘其骨合瘡生肥骨亦治馬瘙驢之背瘡非此莫治〇晴按李𢓼烏賊魚一名烏鰂一名墨魚一名纜魚骨名海鰾鮹正字通云鰂一名黑魚狀如算囊蘇頌

云形若革囊背上只有一骨状如小舟腹中血及胆正如墨可以书字但愈年则渐减怀墨而知礼故俗谓之海若白事小吏此皆是也又陈藏器云是秦王东游弃算袋於海化为此鱼故形似之墨尚在腹苏轼鱼说云乌贼惧物之窥己也则喷水以自蔽海乌视之知其鱼而攫之苏颂云陶隐居言此是鸴乌所化今其口腹具存猶颇相似腹中有墨可用故名乌鲗又南越志云其性嗜乌每自浮水上飞乌见之以为死而啄之乃卷取入水而食之因名乌贼言为乌之贼害也李时珍云罗颂甫雅翼九月寒乌入水化为此鱼有文墨可为法则

故名烏鰂之者則也據此諸說或言算袋之所變或言
鴟水而為烏所害或言佯死而攬烏以食或言烏鸚之
所化或言寒烏之所變俱未有實見不可許也余謂烏
賊者猶言黑漢以其懷墨故名也後仍加魚作鱛鱡人
有作鰂亦作鯽或諤竹鱡非有他義也

鰷魚 仍名高 大者長一尺許狀類烏賊體益長而狹背無
板而有骨骨薄如紙以為之脊色赤微有墨味甘而薄羅
州以北甚繁三四月取以為藍黑山亦有之○晴案正字
通鰷本作柔似烏賊無骨生海中越人重之 本草綱目 亦言之
此即今之高祿魚也但無箕囊而有細骨非今無骨也

章魚

章魚 俗名 文魚 大者長七八尺產於東北海者頭圓頭下如肩脚出八枝長脚脚下一半有團花如菊花兩對成行即所以黏著於物者黏著則寧絕其身不肯離解常伏石窟行則用其菊蹄八脚周圍而中有一孔即其口也口有二齒如鷹嘴甚硬強出水不死拔其齒即死腹膓却在頭中目在其頸色紅白剝其灾膜則雪白菊蹄正紅味甘似鰒魚空鱠空臘腹中有物俗呼溫垓能消瘡根水磨塗丹毒神效○晴案本草綱目章魚一名章舉魚一名𩵽魚李時珍云生南海形如烏賊而大八足身上有

肉韓退之所謂章舉馬甲柱關以怪自呈者皆今之文
魚也又嶺南志云章花魚出潮州八脚身有肉如雪字
彙補云閩書鱆魚一名望潮魚赤皆此也我國稱八梢
魚董越朝鮮賦魚則錦紋飴項重脣八梢自注云八梢
即江浙之望潮味頗不佳大者長四五尺東醫寶鑑云
八梢魚味甘無毒身有八條長脚無鱗無骨又名八帶
魚生東北海俗名文魚即是也

石距魚 俗名紀 大者四五尺狀類章魚而脚尤長頭圓而長
好入泥穴九十月腹中有卵如飯稻粒可食冬則蟄穴
產子子食其母色白味甘美空鱠及羹腊益人元氣
之牛

瘦饞者飼石距四〇晴峯蘇頌云章魚石距二物似烏
玉肯則頓健
賊而差大更珍好嶺表錄異記石距身小而足長入鹽
燒食極美此即今之絡蹄魚東醫寶鑑小八梢魚性平
味甘俗名絡蹄者是也俗云絡蹄魚与蛇交故斷而有
卵未必盡　　　　　　　血者棄之不食然絡蹄魚自有
蛇化也

蹲魚 今俗名竹大不過四五寸狀類章魚但脚短僅居頁之半

　海豚魚

海豚魚 光俗名 高大者丈餘體圓而長色黒似大豬乳房及
私處似婦人尾橫椥凡魚尾皆如船臟腑似狗行若群隨
此獨橫生
出水索索有聲多膏一口可得一盆黒山最多而人不

知漁術○晴案陳藏器云海豚生海中候風潮出没形如豚鼻在腦上作聲噴水直上百數為群其中有曲脂點燈照樗蒲即明照讀書工作即暗俗言懶婦所化李時珍云其狀大如數百斤豬形色青黑如鮎魚有兩乳有雌雄類人數枚而行一浮一没謂之拜風其骨硬其肉肥不中食其膏最多 出本草綱目 海豚魚之形狀非今之尚光魚平本草綱目海豚魚一名海狶一名饞魚一名鱄師生江中者漁活豚一名江豬一名水豬玉篇鱄鮮魚 鱄魚 一名江豚天欲風則湧今尚光魚之出游舟人占其風雨此即是也又說文云鱐魚名出樂

浪潘國一曰出江東有兩乳類篇云鮪鱒也此亦海豚魚也今我國西南之海皆有之許所云出於樂浪亶其然矣又爾雅釋魚云鱀是鱁郭注云鱀體似鱏魚尾如鮪魚大腹喙小銳而長邏羅生上下相銜鼻在額上能作聲步肉多膏胎生此亦似海豚魚之謂也

人魚

人魚 俗名玉朋魚 形似人〇晴案人魚之說蓋有五端其一鯢魚也山海經云休水北注於雒中多鯢魚狀如蟄蛖而長距本草鯑魚一名人魚一名䰲䱱魚李時珍云生江湖中形色皆如鮎鮠其顋頰軋軋音如兒啼故名人魚

此産於江湖者也其一鮠魚也甫雅釋魚鯢大者謂之
鰕郭注云鯢魚似鮎四脚前似獼猴後似狗聲如小兒
啼大者長八九尺山海經云決水多人魚狀如䱱四足
音如小兒陶弘景本草注云人魚荊州臨沮青溪多有
之其膏燃之不消耗秦始皇驪山冢中所用人膏是也
史記始皇本紀云治酈山以
人魚膏為燭度不成者久之以本草綱目鯢魚一名人魚
一名䱱魚一名鰨魚李時珍云生溪澗中形聲皆同鱏
但能上樹乃鯢魚也俗云鮎魚上下乃此与海中鱏同
名此産於溪澗者也蓋鱏鯢之形聲相同有産江産溪
上樹之別故本艸綱目分而別之皆入於無鱗之部是

同類也其一鯢魚也正字通云鯢狀如鮎四足長尾聲
似小兒善登竹又云鯢魚即海中人魚脊耳口鼻手爪
頭皆具史肉白如玉無鱗有細毛五色髮如馬尾長五
六尺體亦長五六尺臨海人取養池沼中牝牡交合与
人無異郭璞有人魚贊作鯢字 蓋鯢魚之上樹見啼
雖似鯑鯢而其形色各異是別一鯢也其一鮫人也左
思吳都賦云訪靈䕫於鮫人迷異記云鮫人水居魚
不廢機織 有眼能泣泣則成珠又云鮫綃一名龍紗
價百餘金以為服入水中不濡博物云鮫人水居如魚
不廢機織時出寓人家買綃臨去從主人家索器泣而

出珠滿盤以与主人此蓋水怪也織綃泣珠說是甲說
然猶古人轉相稱述吳都賦云泉室潛織而綃淵客
慷慨而泣珠劉孝威詩云蜃氣遠生樓鮫人近潛織洞
冥記云味勒國人乘象入海底宿于鮫人之宮得淚珠
李頎鮫人歌云朱綃文綵不可識夜夜澄波連月色即
顧況送從兄使新羅詩亦云帝女飛銜石鮫人買淚綃
然水府織綃人無見者淵客泣珠說甚誕矣皆未有實
見只以傳襲用之者也其一婦人之魚也徐鉉稽神錄
云謝仲玉者見婦人出没水中腰以下皆魚乃人魚也
徂異記云查道使高麗海中見一婦人紅裳雙袒髻鬖

紛亂腮後微有紅鬣命狀於水中拜手感戀而没乃人魚也蓋鰌鯢鯢鮫四者別無似婦人之說則仲玉查道之見是又別異者也今西南海中有二種類人之魚其一尚光魚狀似人而有兩乳即本草所稱海豚魚也詳見海其脉條
一玉朋魚長可八尺身如常人頭如小兒有鬚鬢鬢髻下垂其下體有雌雄之別醜与人男女相似舟人甚忌之時或入於漁網以為不祥而棄之此必查道之所見也

四方魚

四方魚 無俗 大四五寸體四方形長廣高略相等而長柄
大枑廣口如爪痕目如菉豆兩鰭及尾僅如蠅翼肛可

容叢豆全身皆利錐如鱣鯊體堅如鐵石〇昌大曰膏於風波後漂至於岸故一見之

牛魚

牛魚 俗名䱜肉 長二三丈下觜長三四尺腰大如牛尾尖殺無鱗全身皆肉而雪白味極脆軟甘美時或隨潮入港觜觸於沙泥不能拔而死今䃳補之缺〇案明一統志女直篇云牛魚混同江出大者長五尺重三百斤無鱗骨脂肉相間食之味長異物志云南方有牛魚一名引魚重三四百斤狀如鱧無鱗骨背有斑文腹下青色肉味頗長正字通云按通雅牛魚北方鮪屬王易燕北錄牛

魚觜長鱗鯁頭有脆骨重百斤即南方鱏魚樣此則牛魚即今之花揹魚也鱏即鮪也亦稱鱘魚鼻長与身等色白無鱗李時珍亦以牛魚為鱏屬是也

鱠殘魚

鱠殘魚 俗名白魚 狀如筯七山海多有之 補 今案博物志云吳王闔廬行食魚鱠棄殘餘於水化為魚名鱠殘即今銀魚本草綱目一名王餘魚譯語類解謂之麵條魚以其形似也李時珍云或又作鱴王及僧寶誌者蓋出傅會不足致辯又云大者長四五寸身圓如筯潔白如銀無鱗若已鱠之魚但目有兩黑點今所云白魚即此也

鱵魚

鱵魚峙俗名孔大者長二尺許體細而長如蛇下觜細如醫
鍼長三四寸上觜如燕色白帶青氣味甘而清八九月入
浦旋退〇晴案正字通鱵魚俗呼針觜魚本草綱目
鱵魚一名姜公魚一名銅吮魚李時珍云此魚喙有一
鍼俗云是太公釣鐵亦傳會也又云形狀並同鱏殘但
喙夫有一細黑骨如鐵爲異東山經云沢水北注于湖
中多箴魚狀如儵其喙如鐵即此皆今邦峙魚之謂也

裙帶魚 峙俗名䓍 狀如長刀大者長八九尺處堅而密味甘
體有白如鱗非眞鱗也

被咬則有毒即鱵魚之類而身柄扁耳

鶴嘴魚 俗名開大者丈許頭如鶴嘴尖如針而銛比色青白肌肉亦青體如蛇亦鱵魚之類

千足蟶

千足蟶 俗名三千足又名甲面發 體真圓大者徑一尺有五寸許全體周圍有無數之股狀如鵝脛股又生脚脚又生枝枝又生條之又生葉千端萬梢蠢蝸蠕頓令人體栗口在其腹亦章魚之類也臘之入藥有助陽之功云〇晴案郭璞江賦云土肉石華李善注引臨海水土物志曰土肉正黒如小兒臂大長五寸中有腹無口腹有三千足炙

食此似今所稱千足蟳也

漁鮀

海鮀 俗名海八魚 大者長五六尺廣亦如之無頭尾無面目體
凝軟如酥狀如僧人戴其箬笠腰著女裙垂其腳而游
于水笠簷之内有無數短髮髮如極細綵末餙 蚳實非真髮其下如
頸而徒豐如肩脖之下分為四腳行則貼合腳居身之半
脚之上下内外叢生無量數長髮長者數丈許色黑
短者七八寸次長次短其等不齊大者如條細者如髮
行則淋漓嫋娜如傘游外張其質其色恰似海凍毛以草牛
費而成膏瑩 強項魚遇之喫如豆腐隨潮入港潮退則
迎日海凍

膠䗩不能動而死陸人皆責食或膽食賣則酥軟者堅韌䗩大者縮小
昌大曰嘗剔見其腹如南瓜敗爛之瓤〇晴案鮀亦作
蛇角邪翼曰蛇生東海正白濛濛如沫又如凝血縱廣
數尺有智識無頭目所故不知避人眾蝦附之隨其東
西玉篇云形如覆笠汎汎常浮隨水郭璞賦水母目
鰕注云水母俗呼海舌博物志東海有物狀如凝血
名曰鮓魚本草綱目海鮀一名水母一名樗蒱魚李時
珍云南人謊為海折或作蝲鮓者並非閩人曰蛇廣人
曰水母異苑名石鏡康熙字典云蛇水母也一名䖳形
如羊胃奇今海入魚之謂也李時珍云水母形渾然凝

結其色紅紫腹下有物如懸絮羣蝦附之啼其涎沫
人取之去其血汁可食出本草 蓋此物中有血汁也海人
云鯢之腹中有囊藏血時逢大魚哎血以亂之如烏鰂
之噴墨

鯨魚

鯨魚俗名 高色鐵黑無鱗長或十餘丈或二三十丈黑山
海中亦有之今補之○崇玉篇云鯨魚之王古今注云
鯨大者長千里小者數十丈其雌曰鯢大者亦長千里
眼如明月珠今我西南海中亦有之而未聞長千里者
崔說恐矣今日本之人最重鯨繪傳藥於矢射而獲之

今或有鯨死漂至而猶帶箭者是其受射而走者也又
或有兩鯨相鬥一死漂岸者煮肉出膏可得十餘甕目
可為杯鬚鬣可為尺其脊骨斷一節可作臼而古今本
草皆不載錄可異也

　　海蝦

大鰕　長尺餘色白而紅背曲身有甲尾廣頭似石蟹目
突有兩鬚長三倍於其身而赤頭上有二角細而硬尖
腳有六齊前又有二腳如蟬螯腹下有雙板仰貼懷卵
於骨腳腹板之間能游能步味最甘美　中者長三四
寸白者大二寸許紫者大五六寸細者如蟻○晴蜜厲

雅釋魚鰝大鰕陳藏器云海中紅鰕長一尺鬚可為簪即此也

海參　海參

大者二尺許體大如黃瓜全身有細乳亦如黃瓜兩頭微殺一頭有口一頭通肛腹中有物如栗毬賜如難而实甚軟引舉則絶腹下有百足能步不能游而其行甚鈍色淡黑肉青黑〇晴峯我邦之海皆產海參採而乾之貨於四方典鰒魚淡菜列為三貨然考古今本草皆不載錄至近世葉桂臨證指南藥方中多用海參蓋因我國之用而始之也

屈明蟲

屈明蟲 一名 蚇 大者長一尺五寸許圓徑亦如之狀如𧎢子之難而無尾頭頸微昂有耳如貓腹下似海參之足亦不能游色深黑有赤文全身都是血味薄嶺南人食之非百洗去血不食

淫蟲

淫蟲俗名五萬童 狀似陽莖無口無孔出水不死乾曝則萎縮如空囊以手摩挲少頃膨脹出汁如毛孔出汗細如絲髪左右飛射頭大尾殺以尾黏著石上灰色而黃條鰍者時或得之大有補陽之功淫者腊之入藥〇又有一

種似胡桃或曰即其雌也〇晴案本草綱目有卿君子
其形略似此所言淦蟲然未可明也

介類

海龜

海龜狀類水龜腹背有瑇瑁之紋時或浮出水面性甚遲
緩近人而不驚背有牡蠣之甲片片剝落_{牡蠣遇堅硬之物必貼其甲}
此或是瑇瑁而土風畏其成災見而不収惜哉

蟹

晴案周禮考工記注云仄行蟹屬疏云今人謂
之旁蠏以其例行也傳眠蟹譜作螃蠏亦云横

行介士以其外骨也楊子方言謂之郭索以其
行聲也抱朴子謂之無腸公子以其内空也廣
雅云雄曰蜋螘雌曰博帶蓋其別以夫臍者為
雄團臍者為雌人螯大曰雄螯小曰雌是其別
也甯雅翼云蟹入跪而二螯八足折而容俯故
謂之跪兩螯據而容仰故
為跪蓋本於此也 荀子勸學篇云蟹六跪二螯非也蟹足八跪
舞蟹 俗名伐 德睨 大者楕圜長徑七八寸色赤黑背甲近螯出
雙角左螯絕有力大如梅指 尺螯皆左大右小 好張螯而立如
舞味甘美常在石閒潮退則捕○晴案蘇頌云蟹殼闊

而多黃者名蟻生南海中其螯最銳斷物如芟刈此即舞蟹也

矢蟹俗名殺跛大者徑二尺許後脚之末豐廣如扇兩目上有錐一寸餘以是得名色赤黑凡蟹皆能走而不能游獨此蟹能游水以扇游水則大風之候也味甘美黑山則稀貴常在海中時或上釣七山之海網捕○晴案此即蝴蛑之類也蘇頌云其扁而最大後足闊者名蝴蛑南人謂之撥棹子以其後脚如棹也一名蟳隨潮退殼一退一長其大者如升小者如盞兩螯如手所以異於眾蟹也其力至強八月能与虎鬥虎不如也博物志云

蟳蜅大有力能与虎門蟹能剪殺人今所名矢蟹其形最大是即蟳蜅也

籠蟹飢俗大者徑三寸許色蒼黑而鮮潤脚赤體圓似籠穿沙泥爲穴無沙則伏石間○晴案李時珍云似蟛蜞而生海中潮至出穴而望者望潮也今海中小蟹皆潮至此穴非別有一種也

蟛蜞俗名奕小於籠蟹色蒼黒而兩螯微赤脚有斑文似璕瑚○晴案甬雅釋蟲蟛蟛蠌小者蟧疏云即蟛蜞也蘇頌云最小無毛者名蟛蜞吳人訛爲彭越今俗所稱奕

長蟹者即蟹之類皆蟛蜞也

小蠘 參佗名 色黑而小體稍扁螯末微白常在石間可醢

黃小蠘 卽俗跪名走 卽小蠘之類但背黃為異

白蟹 俗名天小蠘蝸而色白背有青黑暈螯甚強箝人則痛甚趫捷善走常在沙中作穴○晴案李時珍云似蠘蜞而生於沙穴中見人便走者沙狗也今所言白蟹

卽沙狗也

花卽蟹 仍俗名 大如籠蟹體廣而短目細而長左螯別大庸鈍亦不能箝人行則張螯狀如舞者故名 俗謂舞夫曰花郎

蛛腹蟹 音殺跪名毛 大如蟳蜩甲軟如紙兩目間有角錐亦能傷人全體如浮腫腹脹如蜘蛛不能遠走在巖石間

川蟹 俗名跪 眞 名大者方三四寸色青黑雄者腳有毛味最佳島
中溪澗或有之余家洌水之濱見此物春而㳘流產子
於田間秋而下流漁者就淺灘聚石作墻布索而繫禾
穗每夜蓺炬手捕

蛇蟹 俗名 眞名大如籠蟹色蒼兩螯淡赤好行地上常游傷海
人家能作穴於瓦礫間故得是名人不食或作魚餌〇
晴案產於海濱者惟蛇蟹不可食餘皆可食產於田泥
川溪者惟眞蟹可食餘不可食蓁謨食螃蟹幾死歎曰
讀甬雅不熟即田泥之小蟹也

豆蟹 俗名 名 大如大豆色如赤豆味佳島人或生食

花蟹 仍俗 大如籠蟹螯背高如籠左螯別犬而赤右螯最小
而黑全體斑爛恰如瑪瑙味薄在鹵泥中〇晴案蘇頌
云一螯大一螯小者名擁劒一名桀步常以大螯鬭小
螯食物又名執火以其螯赤也此今之花蟹也
栗蟹 仍俗 大如桃核狀如桃核之中斷而夾蹇為後廣豪
為頭色黑背如螬脚皆細而長一尺許兩螯長二尺許
口如蜘蛛不倒不橫而前行常在淡水味甘如栗故得
是名
鼓蟹 俗名螯跪 大如花蟹而體短色微白 今補之
石蟹 俗名 可才 大者長二三尺二螯八脚皆如蟹而脚端皆歧

而成籠角長倍其身而有芒刺似錐腰以上皎甲腰以下鱗甲似蝦尾亦似蝦色黑而澤角赤倒行則居其尾而下卷赤能前行卵句在腹底蓋与陸地所產無甚異也爛而食之味絕佳

白石蟹 似石蟹而大不過五六寸腰下稍長而色白

鰒

鰒魚大者長七八寸背有甲甲背如蟾其裏滑澤而不平五彩炫煌左有孔或五六或八九徑頭成行不孔霧亦依孔排比外突內陷至尾峯而止旋漥之始者徑尾峯有旋漥一回回房中旋 甲內有肉外面橢圓而平以為

孔者不佳此皆是也延中國之產甚為稀貴故王莽憑
凡而餉鮱伏隆詣闕而獻鰒後漢捕魚鰒為倭人之異
俗魏志俊鰽鮧鰒為東海之俊味陸雲答車曹操喜鰒
而一州所供僅至百枚 曹植 先王表彥回受鰒而三十之餉
可得十萬 南史褚彥回傳 以此觀之盖不如我國之産也
黑笠鰒 此俗名未詳狀類雨笠大者徑二寸以笠為甲色黒而滑
裏澤而平其肉似鰒而圓亦偏著石
白笠鰒 惟甲色之白為異
烏笠鰒 大者徑一寸笠尖益高急甲色黒
區笠鰒 笠尖低緩無尖甲色微白肉益輕

大笠鰒　大者徑二寸餘甲似區笠而肉出甲下二三寸
味苦不堪食甚稀貴

凡甲偏覆者鰒也鰒蚌蠔之屬皆能產珠○晴案產珠
之物鰒蚌為盛李珣云真珠出南海石決明產也蜀中
西路出者是蚌蛤產陸佃云龍珠在頷蛇珠在口魚珠
在眼鮫珠在皮鼈珠在足蛛珠在腹皆不反蚌珠則產
珠之物亦多也

蛤

　晴案蛤之類甚繁其形長者通謂之蚌亦曰含
漿其形圓者通謂之蛤其形狹而長兩頭尖小者曰

鸁亦謂之馬力其色黑而最小者曰蜆亦謂之扁螺此皆產於江湖溪澗者也其產於海者考諸本草有曰文蛤一頭小一頭大殼有花斑者也有曰蛤蜊白殼紫唇大二三寸者也有曰蝛蝛形扁而有毛者也有曰車螯其形最大能吐氣為樓臺即海中大蜃也有曰擔羅生於新羅國者也妝今只據黑山海所見之蛤因俗號而載錄之也

縷文蛤 俗名籠雕開 大者徑三四寸甲厚有橫紋細如帛縷全體宻布味甘而微腥

瓜史蛤 俗名飛雕開 大者徑四尺餘甲厚有縱溝溝岸有細乳

如黄瓜比縷文蛤稍細化則為青翎雀云

布紋蛤 俗名盤質兵 大者徑二寸許甲甚薄有縱橫細紋似細布兩頰比他高凸故肉亦肥大或白或青黑味佳

孔雀蛤 俗俗名 大者徑四五寸甲厚前有橫文後有縱文頗麤體無皷斜色黄白裏滑澤光彩紅赤

細蛤 俗名羅朴蛤北人謂之毛泉蛤 大者徑三四寸甲薄有細橫紋窠布色青黑而渝則白

杙蛤 俗大蛤名大者二尺餘前廣後殺甲似木杙色黄白有橫紋麤疎用以為杙

黑杙蛤 狀同杙蛤而色赤黑為異

雀蛤 俗名畺
雕開

大者徑四五寸甲厚而滑有雀色紋似雀毛
疑雀之所化北地至賤而南方稀貴
凡甲而合者曰蛤皆伏在泥中而卵生〇晴峯月令季
秋爵入大水為蛤孟冬雉入大水為蜃陸佃云蚌蛤無
陰陽牝牡須雀蛤化成故能生珠然未必皆物化也

蟹腹蛤

爵似雀

紋似枇蛤色或黑或黃有小蟹在其殼中濱海
多有之 原篇缺今補之 〇案李時珍云蟹居蚌腹者蠣奴也又
名寄居蟹即此也

鮑子蛤 俗名咸
朴雕開

狀大如鮑子澱伏於泥中 原篇缺今補之

蚶

蚶俗名魁大如栗殼似蛤而圓色白有縱文排行成溝如瓦屋兩瓣相合齟齬交肉黄味甘○案甫雅釋魚魁陸注云即今之蚶玉篇云蚶似蛤有文如瓦屋本草綱目魁蛤一名魁陸一名蚶魽一作一名瓦屋子一名瓦壟子一名伏老李時珍云南人名空慈子尚書盧約以其形似瓦屋之壠改為瓦壠廣人重其肉呼為天臠又謂之蜜丁設文云老伏翼化為魁蛤伏翼蝙蝠也故名伏老又云背上溝文似瓦屋今浙東以近海田種之謂之蚶田此云瓦壟莫蛤即是也

雀蚶俗名重似蚶但瓦溝之紋蓋細膩俗云是雀入所化也

蟶

蟶 俗名 大如栂指長去七寸甲脆軟而白味佳伏於泥中

〇睛窠正字通云閩粤人以田種之謂之蟶田陳藏器云蟶生海泥中長二三寸大如栂兩頭開即此也

淡菜

淡菜 俗名蛤 體前圓後鋭大者長一尺許廣半之銑峯之下有亂毛黏著石而百千爲堆潮進則開口退則合口甲色淡黑裹滑而青瑩肉色有紅有白味甘美空美空醃其腊者益人最大〇核鼻毛而血出者無藥可止惟淡菜鬚燒灰傳之神效又挾淡傷寒淡菜鬚䕡火溫傳腊後

良○晴峯本草綱目淡菜一名殼菜一名東海夫人陳藏器云一頭小中銜少毛曰華子云雖形狀不典而甚盖人此云紅蛤是也

小淡菜 俗名鳳長不過三寸似淡菜而長中頰寬故南太勝

赤䗯藠 俗名椒蛤 大如淡菜甲之表裏俱赤

箕蛭 俗名箕 紅蛤 大者徑五大寸狀如箕區廣不厚有縱紋似縷色紅有毛著石又能離石漲行味甘而清

蠔

牡蠣 俗名掘大者徑尺餘兩合如蛤其體無法戎如雲尾甲甚厚若紙之合塗重重相貼外麤裏滑其色雲白一甲

著石一甲上覆在鹵泥者不貼而澤轉泥中味甘美廣其甲以爲基子〇晴峯李草牡蠣一名蠣蛤別錄名牡蛤異物志稱古賁即皆蠔也

小蠣　徑六七寸類牡蠣而甲薄上甲之背有麤疢成行牡蠣產於大海水急之處小蠣產於浦口磨滑之石是其別也

紅蠣　大者三四寸甲薄色紅

石華仍俗大不過一寸許甲突而薄色黑裏滑而白貼於巖石用鐵錐採取〇晴峯郭璞江賦上曰石華李善注引臨海水土物志曰石華附石生肉即此也又韓保昇

云螺蠣形短不入藥亦似指石華也

桶蠔 桶蠔名屈 大者甲徑一寸餘口圓似桶堅如骨高數寸
厚三四分下無底上稍殺而頂有孔視其根之密孔僅
容針如蜂房根著於石壁中藏肉如未成之豆腐上戴
僧徒之尖巾曲蒻 方言云 有二瓣潮至則開而受之採者以
鐵錐急擊則桶落而肉餘刀割其肉若未擊而蠔先覺
寧粉碎而不落

五峯蠔 刹堀名寶 大者廣三寸許五峯平列外兩峯低小而
抱次兩峯次兩峯最大而抱中峯中峯及最小峯皆兩
合以為之甲色黄黑峯根周裹以安荄如柚而濕潤桶

根於石罅狹污之地以禦風濤中有肉肉赤有根黑髮之髮如魚鰓潮至則開其大峯而以髮受之味甘〇晴案蘇頌云牡蠣皆附石而生磈礧相連如房呼為蠣房晉安人呼為蠔莆初生止如拳石四面漸長至一二丈者嶄巖如山俗呼蠣山每一房內有肉一塊大房如馬蹄小者如人指面每潮來諸房皆開有小蟲入則合之以充腹此云五峯蠔即蠣山也

石肛蠔 俗云紅蚖狀如久痢人之脫肛色青黑植於石間潮及之地圓楯隨石異形有物侵之則蹙而小之腹臆如南瓜之瓤陸人羨之云

石蛇　大如小蛇盤屈赤如蛇體似牡蠣甲中空如竹有物如鼻液或如吐痰色微紅貼於石壁水濺之地用藥未聞

凡著石而不動者謂之蠔卵生○晴案陶弘景本草注云牡蠣是百歲鵰所化又云道家方以左顧是雄故名牡蠣右顧則牝蠣也或以夫頭為左顧未詳孰是寇宗奭云牡非謂雄也且如牡丹豈有牝丹乎此物無目更何顧胗李時珍云蚌蛤之屬皆有胎生卵生獨此化生純雄無雌故得牡名然今蠔屬有卵生之法俗稱卵生則肉瘠未名皆化生也

螺

凡螺螄之屬皆殼堅如石外鬆裹滑從尾峯雖峯在上而在左旋作溝三四周由殺而大尾峯夾螺則尾也（左旋作溝三四周由殺而大尾峯夾螺則尾也）突而頭麓豐大者在下而謂之頭溝盡處有圓戶自戶而達于峯回轉為洞即螺之室也螺之體如其室頭豐尾殺繞曲如繩之絞緊成類充滿室中行則挺出戶而留其身背以負其殼止則縮其身而有圓蓋戴頭以塞其戶（圓蓋色紫黑厚如薄）

白螺

物随波漂轉不能游行尾為腸胃或青黑或黄

海螺 大者其甲高廣各四五寸其表有細乳如黃瓜安
當溝岸從尾至頭排比成行色黃黑裏滑澤而赤黃味
甘如鰒可爛可炙〇晴案本草圖經海螺即流螺厴甲四
甲香交州記名假豬螺即是也

劍城鸁 俗名仇竹士里 大者其甲高廣各五六寸戶外旋溝盡霧邊
累繞之為城如刀刃銛利從戶直出一溝而內溝岸溝
外有內漸殺而夫為角角端赤銛銑外溝岸赤皆高突
磨而治之作酒器或燈器

小劍螺 俗名多士里 即劍城螺之小者體稍長角稍短瓜乳稍
突大者高三寸許色白或黑裏黃赤味甘而有辛氣

兩尖螺　即小劍螺之類尾角蓋尖外門稍狹〔外門者内〕〔戶外城間〕
中初入　溝崖皆成銹稜
平峯螺　大者徑二三寸高亦如之尾峯平行旋溝不過
三周而豐勢甚急故頭麓頰大溝崖滑而闊無瓜乳外
黄青内角白在溪水穿沙藏身
牛角螺 俗名他　大者高二三寸狀類牛角旋溝六七周無
瓜乳而有紋如灾及紙之挼莎成紋者裹白〇昌大曰
山中亦有此物大者高二三尺時時作聲可聞數里尋
聲而往聲又在別處莫可的定余嘗搜索而不得今軍
門吹螺即此物也〇晴窓圖經本草云梭尾螺形如梭

今釋子所吹此云牛角螺即是也吹螺本南蠻之俗我國用於軍中也

麤布螺 俗名螺 高一寸餘徑二寸弱尾峯不甚尖殺頭麓豐

大溝崖成麤布紋灰色帶紫裏青白

明紬螺 名似俗 即麤布螺之類而溝崖成明紬紋青黑色其

肉布螺軟而紬螺靭此其別也

炬螺 名似俗 亦布螺之類而尾峯稍尖頭麓稍小故高精棠

外色紫其肉尾有沙土此其別也凡採螺之法夜而蓺

炬則勝於薰此物最繁蓺炬則其得尤多故得名

白章螺 俗名甘 即炬螺之類而尾峯益尖頭麓蓋小而大

不過一寸灰色而白章溝嵌之上又有細溝如樓此其別也亦最繁與明紬螺皆在水淺處

鐵戶螺俗名多億之螺即紬螺之類而文文精麤色黃紅凡螺之圖蓋皆薄如白紙脆如枯葉獨此物之蓋中突邊厚如半破之斂其堅如鐵此其別也

銳峯螺 大不過七八分尾峯突然尖銳頭麓狹小其色或紫或灰

杏核螺 大不過杏核狀亦似之尾峯稍出色白而紅

凡螺螄或有蠏處其室右脚及螯如他蟹但左邊無脚而續以螺尾亦行則負殼止則入室但無團产味亦蟹

也尾則螺味或曰螺螄之中有此一種然螺之諸種皆
能有時寄蟹則未必別有此種也昌大曰蟹食螺螄而
化為螺入處其中螺氣已歇故或有負枯爛之里而行
者若原是殼中之物則未有其身不死其殼先敗者也
其言亦似有理亦未可必信姑識所疑○晴案蟹之為
物本有寄居於他族者故有居於蚌腹者此李時珍所
謂蠣奴也一名寄居蟹者是也蛤條有居於璅蛣之腹
者郭璞江賦云璅蛣腹蟹松陵集注云璅蛣似蚌腹有
小蟹為鎖蛣出求食蟹或不至則餒死呼為蟹奴漢書
地理志會稽郡鮚埼亭注師古曰鮚長一寸廣二分有

一小蟹在其腹中者是也而瑣蛣亦云海鏡嶺表錄異云海鏡兩片合以成形殼圓中心瑩滑內有少肉如蚌胎腹中有紅蟹子其小如黃豆而螯具海鏡飢則蟹出拾食蟹飽歸腹海鏡亦飽本草綱目海鏡一名璅蛣一名膏藥蟹殼圓如鏡映日光如雲母有寄居蟹者是也又博物志云南海有水蟲名蒯蛤之類也其中有小蟹大如榆莢蒯開甲食則蟹亦出食蒯合甲亦還入爲蒯取食以歸此起亦海鏡也螺之爲物或有脫殼還入者故拾遺記合明之國有大螺名躶步員其殼露行冷則復入其殼即是也其螺殼之內亦有寄居之

物異苑云鸚鵡螺形似鳥常脫殼而游朝出則有蟲如蜘蛛入其殼中螺夕還則此蟲出庚闌所謂鸚鵡內游寄居員殼者也本草拾遺云寧居蟲在螺殼閒非螺也俟螺蛤開即自出食螺蛤欲合已還殼中海族多役其寄入南海一種似蜘蛛入螺殼中員殼而走觸之即縮如螺大炙乃出一名贆則螺之洞房海族多所寄居也益蟹本善寄螺能容受則此室彼寄理無可疑但蟹體螺尾又一特例也

　栗毬蛤
栗毬蛤名似俗 大者徑三四寸毛如蝟中有甲似栗房五辨

成圓行則全身之毛皆動搖螭蝘頂有口客指房中有卵如牛脂未凝而黃赤五瓣而間間懷矢毛甲俱黑甲脆軟易碎味甘或生食或羹

僧栗毬　毛短而細色黃為別○昌大曰嘗見一毬蚢口中出鳥頭觜已成頭欲生毛如苔髣其已死而觸之乃能動搖如平日雖不見其殼中之狀要是化為青雀者也人言此物化為鳥俗所謂栗毬鳥者是也今驗之果然

龜背蟲

龜背蟲 俗名九音法　狀類龜背色亦似之但背甲成鱗大如蟶

無足以腹行如鰕產石間者小如蛣蜣意而去鱗食之

楓葉魚

楓葉魚 俗名開 夫殿 大者徑一尺史如柚實隅角無定三出四出或至六七出如槭葉厚如人手色青碧甚鮮明中有丹樓成文亦極鮮腹黃口在其中心角末皆有細栗如章魚之菊蹄所以貼石者腹中無腸如南瓜之瓤好貼巖石天欲雨而實不雨則只貼一角而翻身下垂海人以是占雨用處未聞〇三角者不離水底徑或三四尺而其角長出體甚小背似蟾亂布如豆之粒真黃真黑相錯斑爛〇晴案此即海燕也本草綱目海燕載於介

部李時珍云狀扁面圓背上青黑腹下白脆有紋如革
菌口在腹下口傍有五路正句即其足也臨海水土記
云陽遂足生海中色青黑有五足不知頭尾即是也

茲山魚譜卷三

雜類

海蟲

海蚤 大如飯粒 能跳躍似蝦 無鬚常在水底 遇死魚則入其腹而聚食

蟬頭蟲 俗名開江鬼 長二寸許 頭目似蟬 有二長鬚 背甲似蝦 尾歧歧末又歧 有八足 腹中又出二枝如蟬綏 以懷其卵 能走能游 故水陸無不捷 色淡黑有光澤 常在鹵地石間 天將大風則四散而浮游 土人以此占風

海蚓　長二尺許體不圓而匾似蜈蚣有足細瑣有遠能咬產於鹵地沙石間取作魚餌極佳

海蛹蠔俗名頭如大豆頭以下僅具形狀恰似臭液頭極堅硬口吻如刀能張能合食船板如蛹蠔遇淡水則死潮水迅急之處不敢進多在停瀦之水故東海船人甚畏之大海中或有其隊如蜂蟻之屯船或遇之忽急回帆以避之又船板數以烟薰之則不能侵

海禽

鸕鶿鳥俗名知名大如雁色如烏其毛至密而短頭尾及脚皆如烏頰有白毛團如一糰上喙長而曲如錐其末極利獲魚

則以上喙穿其肉而籋之齒如刀足如鳧沒水取魚能
數十息不出又絕有力真魚之鷹也夜則宿於絶壁伏
卵於人跡不到之地味甘而微羶全身多膏〇小者頭
稍小觜益尖頰無白毛圈攫魚之鷙勇少遜於大者〇
晴案爾雅釋鳥鷧鸕郭注云鸕鷀也正字通云俗呼慈
老本艸綱目一名水老鴉李時珍云似鶂而小色黒亦
如鴉而長喙微曲善没水取魚杜甫詩家家養烏鬼或
謂即此甚屢曰又或言鸕鷀胎生吐雛寇宗奭明其卵
生絀本艸此云烏知烏明是鸕鷀也

水鶻 與陸産無異而一足似鷹一足似鳧

海鷗　白者形色江海皆全〇黃者稍大色白而黃潤〇
黑者俗句背上淺黑夜宿於濱水石上難名則赤鳴其
聲似歌達曙不休天明走于水上

鶻燕之俗名存大如鶉狀似燕而尾羽皆短背黑腹白似鶻
卵大如雞有時難產而死離群落海水深處游潛凡水
在淺水中捕蝦而食常棲無人島石間未曙而出于海若稍
晚則畏勢鳥終日隱伏其卵可食其肉多膏味甘美

蛤雀 別俗名大如燕背青腹白觜赤能於大海沒水取魚海
人以是鳥之多少驗其漁之豐歉

海獸

膃肭獸 俗名王眼獸 類狗而身大毛短而硬蒼黑黃白點點成文目似貓尾似鱸足亦似狗指駢如兔瓜利如鷹出水則拳而不能伸故不能步其行則卧而輾轉常游於水眼則必在崖上獵者乘其時而捕之其外腎大補陽力其皮可作鞋鞍笑囊之屬〇晴案本草膃肭一名骨貀一名海狗其臍一名海狗腎寇宗奭云其狀非狗非獸亦非魚也但前脚似獸而尾即魚也腹脇下全白色身有短淡青白毛毛上有深青黑點皮厚靭如牛皮邊將多取以飾鞍轡即是也我國稱海豹以其皮有斑如

豹也甄權云膃肭臍是新羅國海內狗外腎也連而取之唐書新羅傳云開元中獻果下馬魚牙紬海豹皮三國史新羅本紀亦載是事即顧況之送兄使新羅詩亦云水豹橫吹浪旹可據也然我國之人或指為水牛此誤甚矣

海草

海藻 俗名 叄 長二三丈莖大如筯莖生枝枝生條條又生無數細條條末生葉千絲萬縷嫋娜纖弱掖其根而倒挂則恰是千條之楊柳也潮至則隨波流動似舞似醉潮退則離披偃仆狼藉紛亂而色黑有三種條之末有物

如小麥而中空者曰其麆藻其如蔾豆而中空者曰高
動藻此二藻可茹可羹其莖稍剉葉稍大色稍紫條末
之物如大豆而中空者曰大陽藻不可食十月生於宿
根六七月衰落採而乾之糞於麥田性皆甚冷藉以為
坐久而愈寒○凡海藻皆托根於石而其所托皆有層
次不可相亂潮退而視帶成列此物在最下帶○唐
案本草海藻一名蕁一名落首一名海羅陶弘景云黑
色如亂髮係思邈云此天下極冷無過藻菜即是也但
陳藏器云大葉藻生深海中新羅國葉如水藻而大海
人以繩繫腰沒水取之正月以後有大魚傷人不可取則

大葉藻是我國之產然今所未聞也

海帶俗名甘藿長一丈許一根生葉其根中立一幹而幹出兩翼其翼內緊外緩疊積如印篆其葉似䅌正二月根生六七月採乾根味甘葉味淡治產婦諸病無踰於此其生与海藻同帶○晴案本艸綱目海帶似海藻而粗柔韌而長主催生治婦人病即是也

假海帶俗名阿子比 甚脆薄作羹甚滑

黑帶草 其一黑如海帶其一赤色皆植根甚微根俱無幹狀如黑繪帶長數尺○其一長二三丈如條帶色黑其生皆與海藻同帶用處未聞

赤髮草　託石而生根生幹幹生枝枝又生條色赤干絲萬縷如今俗馬飾之象毛其生與海藻同帶用處未聞

地駿名似俗長八九尺一根一莖莖細如線而有鹿麤毛每莖傳短毛八九上下密附無餘地每潮退而望之一帶叢攢鬝髼委靡恰如馬鬣鼠色黄黑生在海藻之上層用裏

麥田

土衣菜名初俗長八九尺一根一莖莖大如繩葉似金銀花之蓓蕾木細末豐其端又尖而中空生與地駿同帶味淡而清可茹

海苔　有根著石而無枝條彌布石上色青〇晴案本草

有乾苔李時珍引張勃吳錄云紅䕭生海水中正青似亂髮皆海苔也

海秋苔　葉大如萬苣而邊界皺蹙味薄嚼則豐息滿口五六月始生八九月始衰故名秋苔生在地骹上層

麥苔　葉甚長而邊寬綯戲似秋苔三四月始生五六月長盛故名與秋苔同帶

常思苔　葉長過尺而狹如韭葉薄如竹茅明瑩滑澤色淡青味甘美為苔中第一二月始生四月衰其生在麥苔之上層

羙苔　葉團圓似花而邊界皺蹙軟而滑室於羙故名典

常思苔同時生其苔亦同

莓山苔　細於簪綠密於牛毛長數尺色青黑作羹則柔滑而混合莫可分離味甚甘而香其生稍早於羹苔帶在紫菜之上

信經苔　略似莓山而稍麤稍短體稍澀味薄其帶其時與莓山全

赤苔　狀類馬毛而稍長色赤體稍澀味薄生之時與常思苔同其帶在苔類之最上亦有青者

道苔　狀類參苔始生於冬初產於石窪潮退不涸之地此其別也

甘苔 似蕗山而稍麤長數尺味甘始生於冬初長於鹵泥之地 已上諸種苔皆附石而生布在石上而色青也

紫菜 眹俗名 有根著石而無枝條彌布石上紫黑色味甘美 晴案本艸紫菜一名紫䔳生海中附石正青色取而乾之則紫色是也

藁紫菜 二眹俗名 長廣似麥門冬葉而薄如竹篛明瑩滑澤始生於二月帶在常思苔之上層

假紫菜 與美苔同但產於亂石而不產於石壁

細紫菜 長尺許而狹細如醫鍼不產於潮退之地而產

於止水亂石味薄而易敗

早紫菜 俗名參朕 即崑紫菜之類而其生在九十月帯在藻紫

菜之上

脆紫菜 俗名開朕 狀同崑紫菜而生於土衣菜之間性易敗

晒曝稍遲色渝而赤味亦薄〇巳上諸紫菜修治之法

淘洗而醸去水厚布於雀籥而晒乾者俗謂之秋紫菜

言移秧時所需也獨早紫菜作四方木匡籍以籥汰水

作氐如造紙俗謂之海衣其海苔修治之法亦同〇晴

案李時珍云紫菜閩越海邊卷有之大葉而薄彼人採

成餅狀晒乾貨之此今俗之海衣也

石寄生 音俗名斗 大三四寸根生多幹幹又歧而為枝為葉
始生皆匾廣既壯區者圓而若中空驟看似寄生色黃
黑味淡可羹生在紫菜之上層
駿加菜 俗名駿 大七八寸根生四五莖葉末或歧或否狀
加士里
類金銀花之蓓蕾中空柔滑可羹帶在石寄生之上
蟾加菜 俗名蟾伊 根條歧生類石寄生而皆纖細澀澀有
加士里
聲色赤晒曝日久則變黃甚粘滑用之為糊無異麪末
帶与駿加菜同日本人求貿駿加菜及此物商船四出
或言用糊於布帛〇晴菴李時珍云鹿角菜生海中石
厓間長三四寸大如鐵線分了如鹿角狀紫黃色以水

久漫則化如膠狀女人用以梳髮粘而不亂南越志云
猴葵一名鹿角此云鷺加蟾加二物是鹿角菜也

鳥足草 別俗 即石寄生之類而幹枝瘦瘠產於海帶之下
層水淡處

海凍草 俗名牛毛草 狀類蟾加草但體遍而枝間有葉極細色
紫為異即夏月糞以成膏酥凝瀅滑可喫者也

蔓毛草 俗名邪出牛毛草 細如人髮枝條糾纏髼鬙紛亂以鈎句
出則混合成塊亦以作膏不能堅凝如產石者色紫生
於綠條帶之間不著於地依草而生

假海凍草 狀類牛毛而益麤益長叢生石上寀於牛毛

色黃黑又有一種稍長或有一尺者生於紫菜之間雜

欸䒳菜

綠條帶真俗名此其根如竹根生一莖莖有節寒氣始至節生
二葉廣八九分本末平正至春始衰至秋衰落次節又
生葉年年如是至於葉齊水面而止及至年久莖成一
條如絛帶而稍匾下不豐上不毅節不腫方其欲葉也
末節豊大者尺許其上生葉如菖蒲葉在中間近未有
穗實如稻米莖色青白葉色青綠俱鮮潤可愛其長無
定隨水淺深産於沙泥相雜之地葉間之莖味甘毎風
浪敗葉漂至于岸以糞田燒之取灰用海水淋瀝亦可

作鹽其葉枯敗即成一條白紙鮮潔可愛余意和糊及
楮作紙則似好但未試耳

短綠帶 俗名暴似綠條而無莖其或有莖細如布縷長不
過尺許葉柄狹而硬無實產於淺水

石條帶 俗名古葉細如韭長四五尺無實產於海帶之間
乾而編之柔韌可蓋屋

青角菜 根幹枝條頗似土衣草而圓性滑色青黑味淡
可以助饢之味五六月生八九月成

假珊瑚 狀如枯木有枝有條皆杈枒頭折體似石叩之
琤然有聲而其實則脆彈指可碎攏腫卷曲奇古可玩

皮色眞紅其裏白生於海水最深處時或挂釣而上

原本所藏者　京城　金台俊

筆寫者　　　京城　鄭啓燮

校正者　　　京城　洪在夏

寫了　　丙戌(檀紀四二七九)九月十日